Alfred Schultz

# Der heitere Jasager

Der Jasager verbindet sich in seinem Herzen und seiner gesamten Vitalkraft mit dem spielenden Kind.

Er hat Lust, schöpferisch zu sein.

Alfred Schultz

# Der heitere Jasager

## Irdische Fülle und geheimnisvoller Gott

*Bibliografische Information der Deutschen National-
bibliothek:*
*Die Deutsche Nationalbibliothek verzeichnet diese
Publikation in der Deutschen Nationalbibliografie;
detaillierte bibliografische Daten sind im Internet
über http://dnb.dnb.de abrufbar.*

*Herstellung und Verlag: BoD – Books on Demand,
Norderstedt*

*ISBN:* 9783738602371

# Inhalt

## Das Motto: Einfach Ja

Der Knoten ist geplatzt. Wie entfesselt bewegen sie sie sich. Nichts kann sie aufhalten. Beflügelt tanzen sie auf dem Platz. Das ist jetzt keine Arbeit mehr, das ist ein Fest.

Fußball als ein Bild für die Feier des Lebens! Die spielerische, tanzende Bewegung versinnbildlicht das Lebensja. Das Lebensja, das nicht nur im Sport unerwartet und überraschend auftaucht. Bei aller Anstrengung und Routine, die wir aufbringen, um das Leben zu meistern, gibt es Momente, in denen wir unser Hineingenommensein in das Lebensja besonders intensiv spüren.

Der Jasager übt sich darin, das ihm begegnende Lebensja in sich wirken zu lassen. Der Jasager ist ein Haus von Wirksamkeiten des Ja. Das kleine, persönliche Ja des Jasagers ist Teil des großen, überspersönlichen Lebensja. Der Jasager weiß, dass das Lebensja nicht angepackt werden kann wie das Herstellen von Autos oder Computern. Das Lebensja zeigt sich erst dann, wenn wir offen dafür sind, mehr zu sein als Produzenten. Das Lebensja kann nicht wie ein Schild an die Tür geschraubt werden auf dem zu lesen ist: Hier ist das Lebensja! Nur ein Verbohrter oder ein Spaßvogel könnte so handeln. Das Lebensja kann nur erfahren werden wie ein fliegender Vogel oder eine sich dem Zugriff entziehende

Schlange. Der Jasager macht die scheinbar eigentümliche Erfahrung, dass Vogel und Schlange und noch viel mehr in ihm leben.

Der Jasager ist kein schleimiger Anpasser oder Duckmäuser. Er ist jemand, der den Mut hat, die spirituelle Scham zu überwinden, die nur heimlich und allenfalls in nächtlichen Träumen das Ja erahnt. Der Jasager erfährt, dass er letztlich nicht überlegen kann, ob er vielleicht Ja sagen möchte. Er merkt, dass solch eine Überlegung dazu beiträgt, die Offenheit für das Wirken des Jas zu verspielen. Die Leidenschaft des Jasagers möchte alle Zellen seines Körpers ergreifen.

Jasagen geschieht immer ganz individuell. Es kommt von Herzen und aus den Gedärmen. Allerdings nicht kopflos! Das sinnende Denken ist eine große Kraft auf diesem Weg. Der Jasager ist unterwegs. Er überquert viele Brücken. Er ringt, sucht und findet.

In einem Logbuch wird in der Schifffahrt aufgezeichnet, welche Vorkommnisse auf einer Route von Bedeutung sind. Ein Logbuch hilft, den Fahrtweg sicher zu meistern. Die vorliegende Schrift ist ein Logbuch für Jasager. Dieses Logbuch ist auch ein Lockbuch. Ein Buch, das locken, also einladen möchte.

Jedes Finden des Lebensja macht den Jasager glücklich. Gleichzeitig bleibt er offen für neue, überraschende Erfahrungen. Das gilt besonders für gestandene Jasager. Die Reise von Jasagern ist niemals abgeschlossen.

Im Folgenden geht es um sieben Bereiche, in denen auf jeweils unterschiedliche Weise das Ja zum Ja erfahren werden kann.

1. Das **Ja zum Leben** entfaltet seine kräftige Wirkung in der Polarität von Sein und Nichtsein. In der Spannung von Stirb und Werde erfährt der Jasager die Übermacht des Ja zum Leben.

2. Das **Ja zum Selber-Sein** offenbart verschiedene persönliche Gesichter. Im Hören nach Innen kann für den Jasager das Ja zum persönlichen, einzigartigen Geschick hervortreten.

3. Das **Ja im Miteinander** ist für den Jasager eine große Bereicherung. Er findet eine Balance zwischen dem „Eremiten" und dem „geselligen" Wesen. Der Jasager nimmt dankbar an, was ihm im gemeinsamen Schwingen an Öffnung für das Ja geschenkt wird.

4. Im **Ja zum Sein im Größeren** ereignet sich die Verbundenheit mit dem, was uns trägt. Eine Einladung für die Offenheit des Seins mit allem, was sich göttlich und engelhaft ereignen möchte. Im Jetzt. Alle Zellen des Jasagers öffnen sich dafür.

5. Wechselfälle fordern unser **Ja zum Wandel** heraus. An ihnen lernen Jasager, dass das Sein immer in Bewegung ist.

6. Eselsfeste sind dazu da, um Lust und Freude zu bejahen. Sie sind die Motoren des Seins. Jasager sind meisterlich in der Hingabe an das **Ja zu Lust und Freude.**

7. Das **Ja zum Üben** lädt ein, immer wieder bewusst ja zu sagen. Freude, Güte, Humor und Liebe können sich im Jasager wie von alleine entfalten.

# Polarität

*Der Jasager* bewegt sich auf einem über dem Abgrund gespanntem Seil. Achtsam setzt er einen Fuß vor den anderen. Jeder Schritt hat mit Beginn, Vorübergehen und Ende seine eigene Form und Zeit.

Der geübte Lebensakrobat bewegt sich mit scheinbarer Leichtigkeit. Auf seinem Gesicht meistens ein Lächeln. Die Stimmung heiter.

Er scheint schwindelfrei. Hat er Angst? Zu sehen ist sie nicht. Mancher, der zu ihm schaut, erblickt eher einen Bodenturner als einen Seilartisten. Der geübte Akrobat wirkt wie ein Unverletzlicher. Doch, das täuscht. Auch er hat seine Achillesferse. Eines Tages wird er fallen.

Der Jasager speichert alle artistischen Schritte in seinem Gehirn. So kann seine Kunst immer vollkommener werden.

Er freut sich.

*„Fest auf dem Boden* musst Du stehen", hört der Jasager die soliden Menschen sagen. „Bodenhaftung nicht verlieren! Du sollst nicht abheben!" Ein fester Grund verspricht Sicherheit. Was für eine Sicherheit? Für einen, der mit dem Gefühl lebt, auf dem Seil zu balancieren, ist Sicherheit ein trügerisches Versprechen.

Der Jasager weiß, dass jeder Schritt, jede Bewegung, jedes Wort, jedes Lachen und Weinen die letzte Lebensäußerung sein kann. Manchmal entgleitet ihm dieses Wissen.

Der Jasager spürt, dass es ihn verändert, wenn er merkt, dass sein Leben in der Spannung zur eigenen Aufhebung verströmt.

Der Jasager hält inne. Seine Anspannung steigt. Er ist wachsam wie eine Wildkatze, die nachts durch den Busch schleicht. Das Leben ist aufregend.

Der Puls beschleunigt sich.

*Solange* das Leben nicht in seiner Polarität von Sein und Nichtsein geschaut wird, ist es voller unzähliger Möglichkeiten. Unbegrenzt. Ewig. Das Leben hat einen unendlich weiten Horizont. Es schenkt aus einem unerschöpflichen Krug, der mit allerbestem Wein gefüllt ist. Der Blick nach vorne eröffnet eine immerwährende Zukunft. Das Leben ist wie ein sich selbst überbietender Superlativ. Eine beflügelnde Feier.

Sorglos kann sein, wer seine Endlichkeit ignoriert. Jedes Nicht-Gelingen ist kein Zeitverlust.
Verlieren gibt es nicht. Einfach eine neue Chance ergreifen. Das ist absolut selbstverständlich. Die jugendliche Lebensenergie trägt das Motto: The winner takes it all.

Der Jasager hat gekostet von der traumhaften Götterspeise der niemals endenden Chance. Sein Gaumen erinnert sie. Ihm verlangt danach. Dieses Begehren lässt ihn aufrecht gehen, den Blick nach vorne.

Er spürt das Verlangen nach glücklicher Größe.

*Die Gruben* der Anderen konfrontieren den Jasager im Laufe seines Lebens mit seiner Endlichkeit. Es braucht etliche Gruben, bis die Erkenntnis der Polarität von Sein und Nichtsein zu einem Aufwachen führt.

Siddhartha, so wird erzählt, wurde ferngehalten von den Gruben der Anderen. Er erlebt Kindheit, Jugend und Beginn des Erwachsenseins wie in einem Paradies. Er konfrontiert sich jedoch mit der Realität außerhalb seines heilen Biotops. Er ist tief erschüttert über den Anblick vom Tod und seinen Verwandten Alter, Krankheit und Schmerz. Buddhas Weg beginnt mit dem Anblick der Gruben der Anderen.

Der gefühlte Gedanke, dass die Grubenerfahrung nicht nur Andere, sondern auch ihn selbst treffen wird, wühlt den Jasager auf.

Seine Gedanken flattern wie ein Vogel, der seine Orientierung zurückgewinnen will.

*Sterben* findet der Jasager wenig attraktiv.

Ihm sträuben sich alle Nackenhaare, wenn er daran denkt, dass es eines Tages heißt: „Das war es. Weitere Chancen gibt es nicht. Du kannst nichts mehr tun." Nicht nur das Leben ist ihm unverzichtbar, sondern auch das Gefühl, selber zu bestimmen, wo es lang geht.

Den Jasager beunruhigt der Gedanke, dass er entscheidet, ob er sein Leben weiter leben oder beenden will. „Ist die Selbsttötung nun Freiheit oder Feigheit?", fragt er sich des Öfteren.

In dunklen Stunden revoltiert der Jasager: „Wenn ich schon nicht sicher weiß, wie ich in diese Welt gekommen bin, so will ich doch wissen, wie ich hinauskomme. Und: Dann lebt er weiter.

Kämpferisch wie ein Prometheus fühlt er sich.

*Heroismus* kennen nur denkende Sterbliche. Nur sie können ein Risiko eingehen, alles unwiederbringlich zu verlieren. Nur sie können von dem Gedanken ergriffen werden, dass es keine neue Chance für sie gibt. „Also, ihr Götter, wirklichen Mut können nur Sterbliche unter Beweis stellen!", ruft der Jasager. Dieser pathetische Heroismus frischt ihn auf. Seine Muskeln spannen sich an. Er sucht Aufgaben, die ihn herausfordern. Unvermeidlich ist es für ihn, an all die Krieger zu denken, die sich als Helden beweisen. Alle ihre Chancen werfen sie in die Waagschale des unbekannten Schicksals. Nach einer Weile dämmert ihm, dass er wahrscheinlich kein Hektor oder Achill ist. Er zweifelt an der Lebensbejahung der Kriegshelden. Sie scheinen ihm eher Verbündete des Todes zu sein. Sind solche Krieger nicht verkappte Selbsttöter?

Fragend und suchend läuft der Jasager durch die Straßen.

*Kann ich* wirklich frei Ja und Nein sagen? Das Ja zum Leben ist schon gesprochen. Geboren bin ich. Ich bin da. Die Pflanze ist gepflanzt. Das Menschentier mit den göttlichen Träumen lebt. Auch in diesem Moment. Das Ja zu diesem Leben ist bereits vollzogen. Der Jasager überlegt: Ich kann versuchen, dieses Ja zu stoppen. Ich kann mich dagegen wehren. Er wird durchgeschüttelt von der Kraft des Ja. Blitzartig wird ihm klar:

Da ist ein Übergewicht des Ja.Dieser Gedanke treibt den Jasager an wie ein Turbomotor. Immer wieder ruft er: „Da ist ein Übergewicht des Ja." --- Dann bestürmt ihn die Einsicht, dass es dennoch die Möglichkeit des Nein gibt. Er hat die Option, die einmal getroffene Entscheidung zu korrigieren. Geschaffenes kann auch wieder vernichtet werden.

Dass er zerstören und aufbauen, Leben intensivieren und auslöschen kann, gibt ihm das Gefühl, wie ein Gott wirken zu können.

Er genießt eine erhebende Stimmung.

*Das Leben* und der Tod sind wie Feuer und Wasser. Beide rufen den Jasager. Sie entbieten die schönsten Stimmen und den lieblichsten Gesang, um ihn zu locken.

Der Jasager verbindet sich mit dem Leben. Er verlässt den Raum, in dem Tod und Leben als gleichgewichtige Partner auftreten. Er folgt vielmehr der schon vorhandenen Übermacht des Lebens-Ja. Er will diese Übermacht. Mit aller Macht.

Er genießt die Einseitigkeit der Lebensbejahung. Kein Tropfen Ambivalenz verpfuscht das Lebenselixier.

Der Jasager liebt seine Bilder vom Lebens-Ja. Sie sind die schwungvollen Flügel für seine Lebensintensivierung.

Dem Jasager ist warm ums Herz. Seine Zellen pulsieren.

Er spürt einen Hauch von Erwachen.

*Vergessen* würden die Toten alles von ihrem vergangenen Leben, wenn sie den Fluss Lethe durchqueren, um die Gefilde der Glückseligkeit zu erreichen. So erzählt die griechische Mythologie. Vergessen möchte der Jasager hingegen alles vom Tod, wenn er sich in die Wasser des Lebensstromes begibt.

Wer eine Sache will, muss sich dieser ganz zuwenden. Wer Musik machen will, muss seine Aufmerksamkeit ganz den Noten, dem Rhythmus, den Melodien usw. schenken. Er muss Orte aufsuchen, an denen Musik gemacht wird. Jedes Handwerk erfordert wiederholte Praxis.

Wer leben will, muss zum Leben gehen. Er muss die Orte des Lebendigseins finden. In sich und außerhalb.

Der Jasager ist von der Gewissheit beseelt, dass er jenseits der Todesvergessenheit das Leben schmeckt, wie er es sich nicht einmal in seinen kühnsten Träumen vorstellen kann.

Euphorisiert besingt er das Leben.

*Unvernünftig* sei der einseitige Lebensbejaher, sagen die klugen Leute. Ein Verdränger, ein Ausblender, ein Tabuisierer, ein Weggucker, ein Vermeider, ein Kopf-in- den-Sand-Stecker.

Der Jasager hört die klugen Leute. Sie ändern ihn nicht. Noch schneller wie er ihre Worte hört, vergisst er sie. Seine einseitige Liebeserklärung an das Leben nimmt Fahrt auf. Er schwimmt im Lebensfluss, lässt sich von seiner Bewegung packen und mitreißen.

Er rückt weg von den klugen Sätzen, die ihm Mäßigung abverlangen.

Wenn die klugen Leute sagen, dass er ein Verrückter sei, dann hört er das wie ein Kompliment. Er fühlt sich wie ein verrückter Verrücker. Weg vom Tod, hin zum Leben.

Mitten in der Dualität des Seins bestärkt er seine Lebenseinseitigkeit. Er merkt, wie er daran seine Kräfte entwickelt.


Er ist froh.

*Die Abkehr* vom Tode ist die Kehrseite der Hinwendung zum Leben. Goethes Faust will wissen, was die Welt im Innersten zusammenhält. Der wahrheitsbesessene Faust durchquert Wissenschaft und Okkultismus, Sinnenlust und Liebe, politische Macht und hemmungslosen Unternehmergeist. Ganz der Erde zugewandt, hat er alles vergessen, was es sonst noch gibt. Sein Grab wird schon ausgehoben, während er noch wie ein obsessiver Kapitalist an das Herstellen weiterer Kanäle zum Handeltreiben denkt.

Ein Grab für ihn! Unmöglich.

Wer wie ein Faust ja zum Leben auf dieser Erde sagt, vergisst alles Weitere. Er verschmilzt ganz mit dem expansiven Drang zum Hiersein. Wie ein Fuchs in seinem Bau eine Heimat findet, entschwindet das Ich ganz ins Verlangen. Totale Identifikation. Absolutes Anhaften.

Der Jasager spürt, dass die untergründige, heftige Sorge um das Sein ein Gesicht des Ja zum Leben bei Faust ist.

Schaudern und Faszination packen ihn.

*Wenn* die Vitalkräfte spürbar nachlassen, Krankheiten lästig werden, Schmerzen zum Leben gehören, in nächster Nähe des Öfteren Menschen in die Grube müssen, dann… ja, dann wird dem Jasager schwer ums Herz. Es gibt Situationen, die treffen ihn wie heftige Blitzeinschläge. Und dann …? --- Ist es vorbei mit der Abkehr vom Tode. Das Ja zum Leben nimmt Fahrt auf in der Begegnung mit seiner Gegenmacht. Der Jasager ist kein Faust, der sich vom Verlangen nach Expansion verzehren lässt. Er ist beweglich, um zwischen Abkehr vom Tode und Standhaftigkeit im Angesichte der verschmähten Endlichkeit zu pendeln. Darauf ist er stolz.

Die Bilder der Lebensauslöschung sind ihm ein willkommener Anlass, um die Muskeln anzuspannen und sich dem Leben ganz zuzuwenden. Wie der Philosoph Montaigne begrüßt er die Gesichter des Todes als Lehrmeister des Lebens.

Der Jasager spürt und genießt seine Stärke.

*Köstlich* sind für den Jasager die Lebenstage. An- und Hinfälligkeiten sind ihm keine Munition für Resignation und Verzagtheit. Verfall und Nichts ermüden ihn nicht. Er trainiert sich darin, wach zu sein. Sein Erleben wird bei allen kleineren und größeren Bedrohungen immer intensiver.

Sein Geschmack am Leben wird immer feiner und nuancenreicher.

Der Jasager merkt, dass es lange braucht, bis er mit der Leichtigkeit eines durchtrainierten Tänzers die Momente seines Daseins zu einem Feuerwerk der Freude macht.

Seine verrückte Lebensliebe nimmt im Laufe der Jahre nicht ab, sondern wird größer und tiefer. Er nimmt das Leben nicht einfach hin oder an, er lässt es sich steigern.

Die Polarität von Leben und Tod ist der Vulkan, auf dem er sich seinem leidenschaftlichen Lebenstanz hingibt.

Er schwitzt und ist glücklich.

*Die Verwobenheit* von Leben und Tod ist für den Jasager wesentlich. In der Sorge treffen sich Hinwendung zum Dasein und Abstoßung vom Nichts. Noch im größten Vergessen des Todes ist das Nichts im Ausblenden anwesend. Auch die sich in die höchsten Höhen der Freude aufschwingende, sorglose Lebensbewegung ist mit angestoßen durch das Wegwenden von der Macht des Todes. In der Einseitigkeit des Jas zum Leben bleibt der Jasager in der dualen Seinsspannung. Er kann ihr nicht entkommen.

Der Jasager macht seine Schritte in den Gegensätzen von Sein und Nichtsein. Er geht seinen Weg, ohne im Letzten zu wissen, warum und weshalb alles so ist, wie es ist. Seine Neugierde und sein Wissensdurst rumoren.

Mit seinen Gegensätzen, Einseitigkeiten und Nichtwissen ist das Leben ein Genuss.

Je mehr Facetten sichtbar werden, umso vergnügter ist der Jasager.

*Milliarden* Sterne bevölkern unsere Milchstraße. Sie ist eine von Milliarden Galaxien.

Im Weltall befinden sich mehr Sterne als Sandkörner auf der Erde.

Die Anzahl aller Sterne im uns bekannten Universum wird auf vierzig Trilliarden geschätzt.

In Zahlen: 40 000 000 000 000 000 000 000

Sterne entstehen aus Gas. In gewaltigen Explosionen beenden sie ihr Dasein. Wir sind, wie alles um uns herum, aus Sternenstaub. Unvorstellbare Millionen und Milliarden Jahre umfassen die Zeiten von Sternen.

Wir sind eingebunden in einen unfassbaren, megagewaltigen und dynamischen Prozess von Werden und Vergehen.

Der Jasager staunt. Manchmal verstummt er.

Schweigend lauscht er.

*Am Meer* fühlt der Jasager Verbindung. Er geht in seinem Schauen ganz darin auf, wie die Wellen sich auf das Land werfen, an die Felsen schmeißen, den Sand unter sich hüllen. Gleichzeitig robben sie sich in vielen Varianten heftig und verspielt wieder Richtung unendlicher Ozean zurück. Er schaut ein unablässiges Hin und Her, Kommen und Gehen, Ausdehnen und Zurücknehmen. Ohne Unterlass treffen sich das Feste und das Flüssige. Es ist ihm, als schafft eine ewig schlürfende, spuckende Welle ihre Kreise. Er lauscht einem Schchchchschsch… Der Wind zaubert tiefe und hohe Töne hinein. Zum Spiel von Wasser, Erde und Luft spendet die Sonne als ergänzendes Lebensfeuer ihre Wärme.

Der Jasager genießt die Wellenbewegung. Er folgt innerlich seinem Atem im nimmermüden Hinein und Hinaus. Manchmal lässt er synchron zum Atem Töne hörbar werden. Genau so wie diese es möchten.

Er genießt das.

# Selber sein

*Ein Kamel* kann viel tragen. Kräftig beladen bewegt es sich durch die Wüste. Ein schleppendes, ausdauerndes Kamel ist Gold wert für den, der sich seine Plackerei zunutze macht. Wer wie ein solches Kamel ja zum Leben sagt, dürstet nach Lasten.

Er braucht, dass ihm Aufgaben gegeben werden. Erst wenn die Lasten ein Kamel an seine Grenzen bringen, kommt Zufriedenheit auf. Eine Zufriedenheit, die in der duldenden Klage hübsch versteckt wird.

Ein Kamel bringt es zur Meisterschaft im Gewohnten und Gewöhnlichen. Die, die auf dem Rücken des Kamels ihre Rucksäcke verstauen, empfinden das Kamel wie eine selbstverständliche Stütze ihres Daseins. Manchmal loben sie das Kamel. Dieser Zucker hilft dem Tier, seinem Wesen treu zu bleiben.

Der Jasager will mehr vom Kamel wissen.

*Ein Kamelbewusstsein* trägt das unbedingt gültige Gesetz in sich, dass das Leben so schwer wie nur irgend möglich sein solle. Für prächtige Kamelnaturen bekommen Lebensschritte dadurch Sinn, dass sie alle Schwere des gesamten Daseins fühlbar machen. Schleppende Edelkamele verleiblichen den gefühlten, gesteigerten kategorischen Imperativ: „Mache jeden Schritt so, sodass er die Last von allem und allen enthält." Billiger machen sie es nicht. Das ist ein Weg zur eigenen Stärke.

Das Denken eines Kamelbewusstseins findet jederzeit eine Bestätigung dafür, dass dieses Leben schwer ist. Alle Erfahrungen, egal ob Freud oder Leid, Armut oder Reichtum, Aufstieg oder Fall, landen in der Lustkammer der Schwere. Nur wer schwer trägt, hat das Recht, am Ja zum Leben teilzuhaben.

Der Jasager ist verblüfft, welche Konsequenz und Radikalität in einem Kamel steckt.

*Das radikale Kamel* lebt im Jasager. Es ist klug, das anzuerkennen. Im Tragen sich durch Stärke getragen zu fühlen, ist eine intensive Verbindung zum Leben. Ein gebeugter Rücken sieht zwar weder sexy noch schön aus, aber er legt in den Augen Vieler die Spur zu einer vorzeigbaren, verantwortlichen, ordentlichen Lebensweise.

Wer erdrückende Lasten auf sich nimmt, spürt sich im Unten. Jedes Spüren dessen, was oben ist, macht das Unten fühlbarer. Wer den gebeugten Rücken und die schmerzenden Knie fühlt, bringt seine Kamelnatur an ihre Grenze. Das eigene Ich fügt sich dem Über-Ich all der aufgebürdeten Lasten und nimmt seinen Untergang an. Das ist eine Möglichkeit. Die andere besteht darin, dass das Ich gegen seinen Untergang rebelliert.

Den neugierigen Jasager macht es an, die Rebellion zu erforschen.

*Ein Löwe* brüllt. Das Brüllen des Löwen ist die Geburtsstunde für den eigenen Willen. Das duldsame, oft schweigende Kamel, ist die Mutter des brüllenden Löwen. Der Wille, jenseits von Konvention und Gewohnheit das Eigene zu finden, ist der verborgene Wunsch eines angepassten Kamels.

Der Jasager bewundert den majestätischen, kraftvollen Löwen. Die Stimme des Löwen ist ein Gesang der Freiheit. Der Freiheit von allem, was hindert, ein einzelnes, einziges, unverwechselbares Leuchten aus sich heraus strömen zu lassen.

Im Löwen lebt noch nicht die Verkörperung der Individualität. In dieser königlichen Existenz zeigt sich allerdings der Wille zur unverwechselbaren Vereinzelung.

Es rührt den Jasager tief in seinem Herzen, wenn er seinen Willen spürt, er selber zu sein.

*Aufbegehren* lässt ein Löwenbewusstsein die Richtung zu sich selbst einschlagen.

Nicht konventionell, sondern un-konventionell,
nicht autoritär, sondern anti-autoritär,
nicht mitgehen, sondern dagegen angehen,
nicht folgen, sondern verweigern,
nicht brav, sondern aufsässig sein,
nicht längs, sondern quer,
nicht normal, sondern verrückt,
nicht Schrebergärten, sondern wilde Natur,
nicht das Etablierte, sondern das Neue.

All das mag der Jasager an seinem Löwen. Der macht ihm Mut, sich auf den Weg zu machen, sich jenseits der Lasten zu finden.

Der Löwe ist in seinem Kampf ein Tor zum eigenen Selbst. Der Löwe nährt sich in den Befreiungskämpfen. Je mehr Gegen-Kämpfe er führen kann, um so mächtiger fühlt er sich.

Der Jasager sehnt sich nach Stärke.

*Kampf* ist das Leben. Kampf für sich selbst. Den eisernen Ring der Macht des Gewohnten möchte der Löwe zerschmettern. Das Abschnüren des Lebensstromes durch die Folter von Aufgaben, Verantwortung und Gutsein für alle Welt soll zertrümmert werden. Das Löwenbewusstsein, so lehrt schon Zarathustra, will die Kameldenke überwinden.

Besessen vom Kampf scheint der Weg zu sich selbst vergessen. Die Konvention ist überwunden, das Selbst jedoch nicht gefunden.

Der Jasager lernt, dass Rebellion viel, aber nicht alles ist.

*Im Spiel* des Kindes, das seine Bausteine fortwährend aufbaut und wieder umwirft, findet der Jasager einen Zugang zu sich selbst. Das Spiel von Aufbauen und Zerstören ist ein Mitschwingen im sich ewig wiederholenden Stirb und Werde. Ein aufgewecktes Kind begibt sich ganz in das Spiel. Es kann versonnen darin aufgehen.

Die gewaltigen Kämpfe, die das ewige Stirb und Werde in den Milliarden von Galaxien auszeichnen, erscheinen wie ein kosmisches Spiel. Ein Spiel, das nicht erklärt und verstanden werden kann. Der Jasager sieht sich als Mitspieler im großen Universum. Spielend findet er seine Rolle. Im Spiel lebt das Ja zu den Gegensätzen, den Streitigkeiten, den Kriegen.

Der Jasager verbindet sich in seinem Herzen und seiner gesamten Vitalkraft mit dem spielenden Kind.


Er hat Lust, schöpferisch zu sein.

*Ausprobieren* im Spiel ist das Elixier für das Gelingen. Gedanken werden zum Schauplatz des Seins. Sie tauchen auf, testen sich, tauchen ab, wandeln sich, erscheinen in neuer Form.

Jeder Spielversuch ist ein vollkommener Schritt. Jeder Irrtum ebenfalls. Irrsinnig, wer das nicht wahrhaben will. Der staunende Jasager spürt ein aufregendes Zittern.

Erfahrungen machen heißt, experimentierend zu lernen. Stühle sind zum Ver-Rücken da. Der Jasager übt sich darin, den Dingen ihren Bewegungsfluss zu geben. Im Bewegen der Dinge entfalten sich seine Lebensimpulse.

Neugierde auf den persönlichen Experimetierraum beflügelt den Jasager.

*Das kreative Kind* begleitet den brüllenden Löwen. In der Löwenstimme nach Selber-Sein dringt klangvoll die Sehnsucht nach dem kreativen Kind durch. Der erschöpfte Löwe, der alles im Kampf gegeben hat, kann diese Sehnsucht spüren.

Der Jasager kennt das Kamel- und Löwenbewusstsein. Er dankt dem Kamel für die Fähigkeit zur Anpassung und dem Löwen für die Kraft zum Aufbegehren. Der Jasager wechselt spielend zwischen Kamel und Löwe. Im Wechselspiel nutzt er die Kraft des kreativen Kindes.

Das schöpferische Kind mit seinem beweglichen Spiel ist der geistige Leitstern des Jasagers. Wenn er mit der schöpferischen Kraft verbunden ist, fühlt sich der Jasager auf wunderbare Weise vom Leben durchströmt.

Dankbarkeit erfüllt sein Herz.

*Unwissenheit* ist eine Gefährtin des kreativen Jasagers. Die Nebel des Nichtwissens erfrischen die Seele wie nächtliche Tautropfen die dürstenden Pflanzen.

Das Kamel hat keine Ahnung vom Löwen, der Löwe hat keine Ahnung vom kreativen Kind. Das kreative Kind hat keine Ahnung, was entstehen wird.

Begriffliche Feststellungen sind vergebliche Versuche, Lebendigkeit zu zementieren. Gesicherte Ergebnisse sind auf dem Weg ihrer Selbstabschaffung. Wissen schafft Hunger. Hypothesen füllen Leerräume.

Der ahnungslose Jasager liebt den leeren Raum.

*Die Beweglichkeit* angemessen zu praktizieren, fordert den Jasager permanent heraus.

Wenn er sich mit dem Auto durch die Stadt bewegt, lobt er sein inneres Kamel, das gerne alle Regeln und Ampelschaltungen beachtet. Der Freiheitsdrang des Löwen ist in solchen Situationen wenig hilfreich. Löwenenergie führt zu Führerscheinverlust und kostspieligen Strafmandaten.

Erhöhte Rechnungen, falsche Aussagen von Freunden, Unzuverlässigkeiten bei Verabredungen stechen den Kübel voller Zorn im Jasager an. Der Löwe erwacht. Jetzt geht es darum, ihn so zu lenken, dass der Zorn eine Form findet, die von Anderen nachvollzogen werden kann. Ein allzu sehr vom Kampf besessener Löwe muss lernen, sich vom kreativen Kind leiten zu lassen.

Der Jasager nimmt diese Aufgabe an.

*In jeder Situation* bewahrt das kreative Kind vor Starrheit. Kamele verlieben sich in schwere Lasten und kommen davon alleine nicht los. Löwen glauben irgendwann, dass einzig und alleine der Kampf Sinn macht.

Nur das spielende Kind, das immer wieder das Neue erwägen kann und ausprobieren will, kann Freiheit schenken.

Der spielende Jasager beißt sich nicht an einmal lieb gewonnenen Gedanken fest. Er kann sie überprüfen. Er akzeptiert auch, dass Gefühle sich ändern können. Er weiß, dass solche Veränderungen nicht immer leicht sind. Im Spiel wird in ihm wirksam, dass sie leichter werden können.

Friedrich Schiller hat die bekannte Aussage gemacht, dass der Mensch nur im Spiel wirklich Mensch sein kann. Schiller war ein Freiheitsliebhaber.

Der Jasager ist es auch.

*Aufmerksamkeit* für die eigenen Gedanken und Gefühle verbinden den Jasager mit dem Lebensstrom. Er lernt, dass er beeinflussen kann, wie lebendig er sich fühlt.

Der Jasager folgt keinen Ideen, die für ihn abstrakt sind und zu denen er keine Resonanz spürt. Er akzeptiert, dass nur das für ihn Bedeutung hat, was für ihn denkend und fühlend stimmig ist. Nur wenn große Worte wie Freiheit, Gerechtigkeit usw. in ihm Resonanz finden, kann er ihnen Bedeutung geben.

Wenn ihm jemand von etwas Interessantem erzählt, dann hört der Jasager gerne zu. Er nimmt aufmerksam Anteil. Da er sich selber spürt, zieht ihn das Mitschwingen nicht von sich selbst weg.

Der Jasager folgt wach und liebevoll seiner inneren Stimme.

Er ist immer wieder neugierig, was sie ihm sagt.

*Einsamkeit* ist für den Jasager Einkehr bei sich. Alles, was draußen ist, kann schweigen. Die Seele kann ihre Flügel ausbreiten. In der Einsamkeit lauscht der Jasager. Wie ein Siddhartha, der an den Fluss geht, um seine Botschaft zu hören.

Der Jasager lernt, zwischen den verschiedenen inneren Stimmen zu unterscheiden. Oft hört er am Beginn seiner Einkehr nichts als klagende Kamele und brüllende Löwen. Die Seele braucht Raum zum Weinen. Kummer und Leid wollen gewürdigt werden.

Es braucht Zeit und Geduld, um das große Ja aufschließend zu hören und zu schauen. Der Jasager lernt, nichts erzwingen zu wollen. In allem ahnt der Jasager das große Ja, das immer wieder neu erscheint. Die Erfahrung lehrt ihn, sich immer intensiver dem Ja zu nähern.

Es ist eine nährende Annäherung.

*Vieles bin ich.* Diese Einsicht ist dem Jasager wertvoll. Es gibt viele unterschiedliche Kamele, diverse Löwencharaktere, nicht endende Facetten des spielenden Kindes. Im Laufe seines Lebens merkt der Jasager, welche Kamele, Löwen und spielenden Kinder ihm besonders lieb sind. Er spürt mit dem Verströmen seines Lebens seine Vorlieben und Einseitigkeiten.

Er merkt, was auch die Menschen, die ihm nahe sind, immer deutlicher entdecken: Dies ist seine Persönlichkeit.

Der Jasager übt sich darin, seine Eigenart anzunehmen und zu lieben. Er, der Vielheit schätzt und in der Gegensätzlichkeit existiert, umarmt und liebkost den Einseitigen. Sein Ich lernt, dem verborgenen Schöpfer seiner persönlichen Einseitigkeit Raum zu geben. Der Jasager nimmt an, dass es keine Veränderung gibt, die ihn von seiner Einseitigkeit befreit.

Er lacht.

*Die innere Stimme* zu hören, ist für den Jasager die herausragende Existenzübung. Wie kann der Jasager zwischen den unzähligen Geräuschen, den vielfältigen Lauten, Worten und Silben entdecken, wann nicht irgendeine, sondern seine für ihn maßgebliche Stimme spricht?

Mit dem Hören der maßgeblichen inneren Stimme scheint es sich wie mit dem Hören eines Instrumentes zu verhalten. Durch Üben lernt ein Ohr immer feiner aufzunehmen, immer differenzierter unterscheiden zu können. War das nicht auch das, was Sokrates lehrte, wenn er sich auf seinen Daimon, eben seine innere Stimme, berief?

Können da nicht Irrtümer passieren wie bei jedem Übenden?

Ohne Wenn und Aber ist die Frage mit ja zu beantworten.

Der Jasager atmet tief durch. Sein Lebensweg ist immer ein Drahtseilakt. Es bleibt immer aufregend.

Er dankt in demütiger Freude.

*Ein Punkt bin ich.* Ein Punkt dazwischen. Wenn ich atme, dann erhasche ich mich zwischen Ein- und Ausatmen. Ein Haltepunkt, der kurz die Luft einbehält. Der Jasager findet in seinen Gedanken zum Ich als Zwischen- und Haltepunkt einen Anhaltspunkt für seinen Platz im Größeren. Er merkt, wie wichtig ihm dieser kleine Punkt in der Wellenbewegung des Lebens ist. Manchmal denkt er, dass es wenig ist, was der Haltepunkt erhaschen kann. Aber, darauf scheint es nicht anzukommen. Der kleine Haltepunkt übt permanent das Festhalten und Loslassen. Jeder Atemzug ist Anker einer Lebensbewegung, die einfach und selbstverständlich geschieht.

Der Jasager merkt, dass es ihm guttut, seinem Zwischenpunkt Beachtung zu schenken und dabei die größere Bewegung zu spüren, in die der Anhaltspunkt hineingewoben wird.

Wohltuende Entspannung durchströmt den Jasager.

*Die Überheblichkeit* eines scheinbar Wissenden ist Gift für den Weg des Jasagers. Oft versüßt ein supergutes, aufregendes und stimmiges Selbstgefühl seine Stunden. Er lässt sich nicht dazu verleiten, in prahlerischer Selbstgefälligkeit seine persönliche Wahrheit zu einer Doktrin zu erheben.

Wie ein Kind an Weihnachten, Ostern und seinem eigenen Geburtstag zusammen, kann sich der Jasager freuen. Mit sich selbst in Schwung gekommen, feiert er im Überschwang seine Selbstverbundenheit.

Das Ich dient mit Freude dem unsichtbaren Schöpfer seines Selbst und seiner Persönlichkeit. In solchen Momenten fließen Tränen des Glücks.

Der einseitige Jasager dürstet nach Verbindung. Auch mit anderen Einseitigen.

Der Jasager steht mit ausgestreckten Händen da.

# Miteinander

*Ein duldsames Kamel* trifft ein zweites, ebenfalls duldsames Kamel: „Hallo, wie geht es?" „Gut, ich habe zu tragen! Und selbst?" „Fast gut, bin heute nur halb beladen!" Das erste Kamel befindet sich in einer optimistischen Stimmung: „Das klingt verdammt gut, hätte viel schlechter sein können." Beinahe hätte sich das zweite Kamel von der guten Stimmung anstecken lassen, aber im letzten Moment vergaß es nicht, lieber etwas zu klagen: „Ach ja, die Tage gehen so dahin. Immer das Gleiche!" „In der Tat," pflicht das erste Kamel bei, „und das ist auch gut so, beim Gewohnten weiß man, woran man ist." Die beiden Kamele gehen zusammen des Weges und suchen plaudernd ihre Gemeinsamkeiten. Sie sprechen von den „kleinen Leuten", die nichts machen können, außer sich zu plagen. Auch davon, dass es das Beste sei, alles so hinzunehmen, wie es nun einmal sei. Es wird erzählt, dass sie – wie aus Versehen – sogar einmal lachen. Ja.


Der Jasager lacht mit.

*Die Meisterschaft* des heimlichen Genusses ist eine köstliche Kreation von Kamelnaturen. In den oberen Stockwerken ihrer Häuser regieren Klage und Schwere, im Keller feiert die ausgelassene Lust. Das Miteinander von Kamelen ist sehr beständig, wenn die Lust unten gehalten wird und die Freude als Kellerassel dahindarbt. Beziehungen unter Kamelen wirken oft langweilig, können jedoch ausdauernd sein. Kamele können miteinander funktionieren. Sie wetteifern darum, wer am schwersten tragen darf. In einer Umgebung, die genügend Regeln für das Einfügen bereitstellt, gedeihen Kamelbeziehungen prächtig.

Solange das Verlangen nach dem Eigenen allenfalls auf Sparflamme brutzelt, geben Kamelbeziehungen ein Bild allergrößter, trügerischer Harmonie ab. Der Jasager spürt beim Anblick der Kamele, dass mehr möglich ist.

Er nimmt auf seiner Haut ein Jucken und Kribbeln wahr.

*Der angriffswütige Löwe* ist genervt. Seine Kumpane haben keine Lust, einen neuen Beutezug zu planen. Sie haben nicht einmal Lust zum Herziehen und Ablästern über die feindlichen mitmenschlichen Tiere. Der kampfbereite Löwe findet seine Kumpane keineswegs freundlich, nett oder gar großartig. Nein, jetzt erkennt er, dass sie hässlich sind. Je genauer er hinschaut, umso klarer wird ihm, dass seine Kumpane gar keine richtigen Löwen sind. Weicheier sind sie. Schlaffe Murmeltiere. Von ihnen geht ein ekelhafter, krankhafter Geruch aus.

Er pöbelt einige Mitlöwen an. Knurrt. Schmeißt mit Knochen vom letzten Fressen. Hätte nicht der ihm überlegene Oberlöwe durchgegriffen, so wäre eine heftige Prügelei ausgebrochen.

Erst als die Löwen anfangen, die elenden Feinde zu schmähen und zu beschimpfen, kommt gemeinsame Freude auf. Das Leben hat wieder einen Sinn.

„Wie lange?", fragt sich der Jasager.

*Bündnisse dagegen* machen den pulsierenden Kern von Löwenbeziehungen aus. Umarmungen zwischen streitbaren Löwen haben die Wärme und Nähe von liebkosenden Rittern in schwerer Rüstung. Am liebsten singen sie „I can get no satisfaction." Möglichst laut, aggressiv und mit Kampfesschreien und Gejohle.

Löwenbeziehungen erreichen ihre größte Freude und Intensität im, vor und nach dem Kampf. Ohne Gegnerschaften nach außen sind Löwenbeziehungen äußerst zerbrechlich. Man darf sich durch ihre oftmals zur Schau gestellte Stärke nicht täuschen lassen. Sie ist brüchig. Außerhalb des Kampfbündnisses grenzen sich Löwen gerne voneinander ab. Da der Andere im Wesentlichen ein Gegner ist, trifft der misstrauische, paranoide Blick auch die eigenen Kumpane. Im Gegensatz zu Kamelen strotzt das Miteinander von Löwen vor Energie. Der Jasager liebt die viele Energie.

Er will sie ohne den feindlichen Blick.

*Wenn* Kamele und Löwen Beziehungen miteinander eingehen, sind etliche Schwierigkeiten zu bewältigen. Die Einfüge- und Anpassungsqualitäten von Kamelen reizen Löwen. In der Gier nach Gegnerschaften attackieren sie die Lastenträger. Auf der Folie der Kamelanpassung erscheinen sie wie Lichtgestalten der Freiheit. Es sieht so aus, als bringen sie Leben in das Miteinander. Kamele versuchen nicht selten – vergeblich - es Löwen recht zu machen. Ihre geduldige Anpassung ist zum Scheitern verurteilt. Nur Kamele, die ja zu einer Sisyphos-existenz sagen, halten die ständigen Attacken aus.

Kamel- und Löwenbewusstsein ermöglichen immer nur einen geringen Teil des Genusses, der im Miteinander möglich ist.

Der Jasager weiß, dass das Miteinander dennoch wertvoll ist.

Er liebt und braucht die Gemeinsamkeit, auch die Nähe, gerne auch entspannt.

*Die Angst* wird bei Kamelen durch Selbstbeherrschung und bei Löwen durch Aggression beiseite geschoben. Kamele und Löwen haben Schwierigkeiten, sich anzuvertrauen. Wie können sich Menschentiere aufeinander einlassen, die sich darin nicht üben? Schwer. Sogar sehr schwer. Wer sich nicht auf sich einlassen will, meidet Beziehungen, die mehr sind als oberflächliches Geplänkel. Dieses Wissen hilft dem Jasager.

Beziehungen sind Spiegel unserer Verbindung mit der Lebenspulsation. Viel Angst bedeutet wenig Pulsieren. Wenig Angst bewirkt große Lebendigkeit. Im Miteinander erfahren wir die Wahrheit unserer Lebensverbundenheit. Nur, wenn wir miteinander schwingen, bereiten uns Beziehungen Freude.

Wenn die Angst verschwindet, gewinnt die Neugierde. Entdecken des Anderen und des Eigenen werden möglich. Das ermutigt, sich weiter für das Erleben zu öffnen.

Zusammen sind Jasager reicher als alleine.

*Miteinander* können sich Jasager in eine Spirale der Freude begeben. Je mehr sie ihr Erleben der Welt – so unterschiedlich es auch sein mag – miteinander teilen können, umso mehr machen sie beglückende Erfahrungen. Es sind oftmals kleine Momente, die immer wieder das gleiche offenbaren: Es ist wunderbar, die Verschiedenheit im Zusammen zu genießen.

Wenn das Vertrauen im Miteinander wächst, geben Jasager dem kreativen Kind immer mehr Raum. So wie ein guter Wein all seine Qualitäten erst nach wiederholtem Kosten verrät, entdecken sie Neues in scheinbar Bekanntem. Gemeinsam machen sie sich zu Forschungsreisen auf. Das scheinbar Unmögliche kann geschehen. Wären sie Delfine, sie würden auch gerne einmal die Wüste kennenlernen wollen.

Sie üben sich darin, gemeinsam das Ja immer größer und kräftiger werden zu lassen.

Richtig ausgelassen genießen sie zusammen.

*Eine Blume, die sich öffnet,* bedarf der besonderen Zartheit und liebevollen Zuwendung. Ein Jasager, der das Geschenk eines sich öffnenden Miteinanders erhält, lässt sich davon tief in seinem Herzen berühren. Gerne ist er bereit, das Wohlergehen seines menschlichen Mit-tieres wie einen Augapfel zu hüten. Er verliert nicht das gemeinsame Streben nach Lust und Freude aus dem Auge. Als Lebensakrobaten wissen Jasager, dass ein gutes Miteinander kein Besitz ist, den man wie einen unbeweglichen Gegenstand bewachen und abschließen kann. Jasager verfügen über das Know-how, dass es liebevoller Kreativität bedarf, um immer wieder neu im offenen Miteinander zu sein. Jasager lassen sich von ihrem kreativen Kind helfen, um Zeit und Energie für die Lust- und Freudenkreise des Miteinander aufzuwenden. Jasager vervollkommnen sich darin, immer wieder neue Wege des Zusammen zu gehen.

Heiter, gelassen und ernst. Die Mischung macht es.

*Hochstapelei* meidet der Jasager. Das Verlangen, für den begehrten Anderen attraktiv zu sein, ist eine Quelle für Selbstüberhebungen. Wer zaghaft wie ein Kamel sein eigenes Ja lebt, wird zum Hochstapler, wenn er ein abwechslungsreiches, kreatives Miteinander verspricht.

Löwennaturen stapeln hoch, wenn sie von entspanntem, vertrauensvollem Miteinander reden. Da der Jasager weiß, dass er als Menschentier auch über kamel- und löwenhafte Züge verfügt, hütet er sich vor falschen Versprechungen.

Wird das Verlangen nach dem eigenen Sein und der Lebensfreude lange unten gehalten, kann es plötzlich und heftig ausbrechen. „Freiheit jetzt, sofort und ganz!", intoniert in solchen Fällen der im Käfig schwer atmende Löwe. Der Jasager lässt sich von solcherlei energetischen Eruptionen nicht in den Abgrund reißen. Er verbindet die Löwenenergie mit den ausdauernden Qualitäten des Kamels und mit denen des kreativen Kindes.

Vielfach liebt er das Ja.

*Das größte Geschenk,* das Jasager in ein Miteinander einbringen, ist die Aufrichtigkeit sich selbst gegenüber. Nicht in dem falschen Sinne, dass dem menschlichen Mit-tier Fabeln erzählt werden, warum etwas nicht geht. Solcherlei Entschuldigungspsychologie ist Jasagern fern. Vielmehr entwickeln sie ein feines Gespür für das eigene Erleben. Immer mit der Perspektive, in welcher Weise die Verbindung zum Lebens-Ja in ihnen wirkt. Jasager sind manchmal traurig, dass ihr Ja nur schwach tönt.

Wenn der Löwe unverhofft nach Freiheit schreit, dann lernen sie, das als ihre innere Stimme zu begreifen und nicht als Mangel des Anderen. Der Jasager ist kein moralischer Übermensch. Im Miteinander wirkt er auch manchmal verletzend.

Der Jasager bittet um Verzeihung.

Jasager erfreuen sich an ihren Unvollkommenheiten. Sie sind ein Ansporn, die Stimme des Ja immer stärker in sich aufzunehmen.

Der Jasager lauscht in sich hinein.

*Sich Abgrenzen* halten etliche Beziehungsberater für eine Qualität von höchster Freiheit. Ihre Psychologie besteht im Wesentlichen darin, aus Kamelen Löwen zu machen. Sollte dieses Unterfangen gelingen, so hält der Therapierte sein Löwengeschrei für die Essenz seines Seins. Das mag für manches sich selbst unterdrückende Menschentier ein wichtiger Schritt sein. Für den Jasager ist es nicht der letzte Schritt zum Zusammen.

Für ein Miteinander, das die Pulsation des Lebens-Ja voll auskosten möchte, bedarf es immer der Freude des kreativen Miteinanders. Im Spiel des kreativen Kindes kann jeder sich mit seinen eigenen Impulsen einbringen. Jasager genießen im spielerischen Umgang die Unterschiedlichkeit und Vielfalt. Sie wissen, dass dies ein wesentliches Moment eines lebendigen, stabilen Miteinanders ist.

Sie hegen und pflegen das Spielerische.

*Schwierig sei das Miteinander*, ach so schwierig! Eine so große Aufgabe, sodass sie nur von einem Menschentier bewältigt werden kann, das ganz mit sich im Reinen ist. Hier ertönt in den Ohren des Jasagers der Ruf nach dem moralischen Übermenschen. Solche Aussagen sind für den Jasager ein Ausweichen vor dem Lebens-Ja. Sie sind die asketische Gegenposition zur Hochstapelei. In der Hochstapelei vergrößert sich jemand, um sein Ziel zu erreichen. Im Ruf nach dem moralischen Übermenschen verkleinert sich jemand. Wer auf seine persönliche Vollkommenheit warten will, bis er sich auf das Miteinander einlässt, der sollte ernsthaft überlegen, ob für ihn überhaupt etwas anderes als eine Einsiedlerexistenz infrage kommt.

Der Jasager balanciert zwischen dem Sein mit sich und dem Sein mit Anderen. Er wählt den riskanten Balanceakt. Er akzeptiert, dass nicht alles sofort, gleich und perfekt sein muss.

Er schwitzt vor Anstrengung und singt freudig.

*Der Irrtum von Eremiten* bezüglich eines Miteinanderseins besteht darin, dass sie glauben, Beziehung zu lernen, ohne sich darauf einlassen zu müssen. Ein frommer Eremit, der ganz in seiner Beziehung zu Gott aufgeht, lernt im günstigen Fall, seine eigene Lebenspulsation zu bejahen. Er lernt aber nicht, wie er mit sich und gleichzeitig mit anderen Menschentieren existieren kann. Dem Jasager stellt es sich so dar, dass man das Kochen nur lernt, in dem man in der Küche tätig wird. Das gilt auch für das Miteinander. Angst vor versalzenen Suppen und verschmorten Kotelettes sind schlechte Ratgeber.

Nietzsches Zarathustra hat Angst vor versalzenen Suppen. Er katapultiert sich hinein in die Einsamkeit und hinaus aus einem Miteinander. Der Jasager verbindet den Eremiten und das gesellige Menschentier. Er sagt ja zur Unvollkommenheit seines vielfältigen Seins.

Er langweilt, ärgert und freut sich.

*Liebe und heirate, wen Du willst*, ist ein Mut machender Satz. Wer liebt, ist frei von der Sorge um den Richtigen oder die Richtige. Aber: Wer kann sich seiner eigenen Liebe dauerhaft so sicher sein, dass er sich dem/der Anderen zumuten kann? Noch eine weitere Frage stellt sich: Kommt es alleine auf die Liebe für das Eingehen einer Beziehung an? Wenn die Liebe beflügelt, sich füreinander zu öffnen und Freude zu finden, dann ist das Motto von der sorgenfreien Partnerwahl für den Jasager stimmig. Die Liebe darf allerdings nicht zum Ruhekissen verkommen, um die Pflege der Kreativität zu vernachlässigen. Ebenfalls ist es wenig förderlich, sie ins Gewöhnliche des Kamelhaften hineinzuflechten.

Die liebende Ermutigung zum Einlassen auf das Miteinander gefällt dem Jasager. Er weiß, dass es für ihn nicht gut ist, nur sich selbst zu begegnen. Liebe weitet den eigene Horizont. Besser miteinander schmuddelige Grauzonen erkunden als alleine in scheinbarer Reinheit traurig sein.

Dem Jasager ist warm ums Herz.

*Mitschwingen* ist eine Glückserfahrung. Die Bewegungen des Mit-tieres aufnehmen, die Gesten aneignen, sich den Klang der Stimme zueigen machen sind für den Jasager Annäherungen an das Mitschwingen. Eine junge Liebe tut sich damit leicht. Sie lässt sich hineinnehmen in die Schwingung des Anderen. Sie möchte ganz mit dem menschlichen Mit-tier sein.

Die gereifte Liebe schwingt ebenfalls mit. Sie will gerne nahe sein und in der Schwingung das geliebte Mit-tier immer wieder neu erfahren. In der bewahrten Differenz von Einzelwesen zu Einzelwesen verbindet sich der Jasager in Resonanz. Aus dieser Schwingung heraus entwickelt sich die Empathie für den Anderen. Resonanz und Empathie bereichern das Fühlen des Jasagers. Im schwingenden Miteinander wächst das Glück des Zusammenseins.

Der Jasager entdeckt das Miteinander immer wieder neu.

Das stimmt ihn froh.

*Sich nicht zu kennen* ist gut. Neugierig auf sich zu sein ebenfalls. Unbekanntes lässt frischen Wind aufkommen, der den Staub der trügerischen Sicherheit fortpustet. Jasager erinnern sich im Miteinander gerne an die aufregenden Begebenheiten. Sie üben sich darin, im Anderen immer wieder das unbekannte Land zu ahnen. Zwischen allen bekannten, langweiligen, nervigen und erfreuenden Spezialitäten des Mit-tieres taucht Neues auf. Jasager erfreuen sich daran. Sie unternehmen keine Anstrengungen, das Auftauchen des Unbekannten wegzudrücken oder mit peinlichen Kommentaren zu verunstalten.In dem, was nicht ist, finden Jasager Zeichen der Kreativität. Wenn jasagende Menschentiere lange Wege miteinander gehen, staunen sie darüber, welche Begegnungswunder ihnen immer wieder geschenkt werden.

Sie sind im Glück. Freudig teilen sie es miteinander.

Der Jasager dankt von Herzen für das Geschenk des Miteinander.

# Im Größeren

*Verbindung* ist für den Jasager ein elektrisierendes Wort. Er merkt, dass er immer in Verbindung mit Anderem und Größerem existiert. Geburt ist ein Hineinkommen in eine schon vorhandene, größere Welt. Geburt bedeutet, neue Verbindungen herzustellen. In gewisser Weise ist jeder Moment für den Jasager ein Geburtsmoment. Unabhängig davon, ob er es bewusst erlebt oder nicht. Körperwesen, die stumm sind oder sogar tönen und sprechen können, empfangen die Neuen. Sie wenden sich ihnen zu und geben ihnen die Chance, dabei zu sein. Jede Geburt ist Ausdruck des großen Ja. Das Ja des neuen und kleinen Erdenwesens trifft das Ja der älteren und größeren Erdenwesen. Ein Feuerwerk des Schaffens und Wandelns. Das große Ja wirkt wie eine geheimnisvolle, wunderbare Geburtskraft. Wenn sich der Jasager damit verbunden fühlt, durchströmen ihn Glücksgefühle.

In solchen Momenten ist Alles o. k.

Der Jasager lässt sich vom Glücksgefühl anstecken.

*Das Menschentier*, wie der Jasager sich gerne nennt, fühlt sich allen Körperwesen verbunden. Alle Wesenheiten haben für ihn Teil an den Lebensschwingungen des großen Ja. Für manche Tiere und Pflanzen entwickelt er sogar eine besondere Zuneigung und Faszination. Er erfreut sich immer wieder an der Schönheit der Natur, ihrem prächtigen Farbenspiel.

Er genießt den warmen Sommerwind. Andererseits erschrickt er beim Anblick von Hurrikans. Er entspannt sich im warmen Nass und fürchtet die stürzenden Wassermassen, die innerhalb von Minuten riesige Zerstörungen anrichten können. Er mag Haustiere. Tiger nur dann, wenn er ihnen nicht in der Wildnis begegnet. In seinem Denken kann der Jasager sich weit in die Welt ausdehnen. Der Jasager strebt ein Denken an, das in Verbindung zum Größeren, sich selbst und den Mit-tieren geschieht.

Der Jasager will herausfinden, wie das möglich ist.

Er brennt vor Neugierde.

*Der Philosoph Descartes muss* von einer starken Kamelnatur durchgedrungen gewesen sein, als er nach dem Punkt absoluter Verlässlichkeit suchte. Er machte – was als Philosoph naheliegt - ein Gedankenexperiment. Er stellte sich vor, dass er in seinem Kopf alle auftauchenden Gedanken zermalmte. Descartes folgerte: Selbst wenn ich alles anzweifle, kann ich nicht auslöschen, dass in allem Zweifeln, das Denken selbst nicht beseitigt werden kann. Auf diese Weise entstand der berühmte Satz: Ich denke, also bin ich. Der Jasager liebt es, seinen Kopf zu gebrauchen. Gleichzeitig liebt er es zu fühlen, zu riechen, sich zu bewegen, zu sprechen und zu singen. In allen Sinnen können sich ihm Sinn und Unsinn zeigen. Das Denken als Punkt letzter Gewissheit? Was wäre das schon auf dieser Erde ohne alle Sinne! Der Jasager lacht und ruft: Auch Descartes hat einen Leib. Und: Das Leben lässt sich nur soweit vom Denken einfangen, wie es selbst das zulässt.

Der Jasager besinnt sich auf das große Geheimnis des Ja.

*Das Sein kann nicht eingekerkert werden.*
Unmöglich ist es für den Jasager, das Sein in
einen Gedanken festsetzen zu wollen. Einen Gott
in Besitz zu nehmen ist verrückt. Ein wirklicher
Gott kann für den Jasager größer oder auch anders sein als der größte Gedanke, der gedacht
werden kann. Auch wenn kein erhabenerer Gedanke das Bewusstsein des Menschen bevölkern
kann als der an einen Gott, so ist doch nicht ge-
sagt, dass damit Gott begriffen wäre.

Wie unmöglich ist es doch, einem Baum,
einem Tier, einem Menschentier oder gar sich
selbst begreifend nahe zu sein? Vermessen erscheint es dem Jasager, im Denken mehr zu erreichen als Annäherungen. Um wie viel mehr gilt
das für Götter und das Sein!

Der Jasager riecht Blütenduft, er lauscht dem
Wind und umarmt ein menschliches Mit-tier. Ein
Tanz ist ihm jetzt das Leben.

Freudentränen fließen den Fluss des Seins.

*Der Jasager* kennt den faszinierenden Gedanken, dass der gesamte Kosmos eine riesige Kette von Ursache und Wirkung ist. Alles Seiende verdankt sich einer letzten Ursache, die unbewirkt alles bewirkt. Groß, erhaben und schön wie eine gewaltige Kathedrale baut sich solch ein Denkgebäude auf. Aber: Die Welt in ihrer permanenten Bewegtheit, ihrem Stirb und Werde, kann für den Jasager nicht nach dem Modell einer erhabenen Kathedrale gedacht werden. Die prachtvolle Anordnung der Kathedralensteine ist für den Jasager ein verständlicher, vergeblicher Versuch, in allem Fluss etwas Festes zu angeln. Aber: Auch Kathedralen entstehen, bestehen und vergehen. Nur in diesen drei Qualitäten zeigen sie dem Jasager eine Annäherung an das Sein.

Das Sein erscheint wie ein Fluss, lauschend kann sich Gott im Rauschen offenbaren. Und auch anders.

In Fließen kann der Jasager aufrecht sein.

Bewegt spürt er seine Bewegung.

*Atmend erlebt der Jasager* die Verbindung zum umgreifenden Sein. Das Bild vom Menschen als atmendem Lehmklumpen gefällt ihm. Es erregt seine Zellen, wenn er sich als von Odem durchströmten Sternenstaub inmitten unüberblickbarer Galaxien anschaut. Der Atem verbindet ihn mit sich und mit Größerem.

Der Atem, der einfach ohne bewusstes Zutun und ganz selbstverständlich geschieht, umfasst alles, was atmend existiert.

Im Atem erfährt der Jasager das große Ja zum Sein. Im Atem ist das große Ja in ihm und außerhalb von ihm, mit und vor ihm. Er ist hineingenommen in die Bewegung des Lebens. Der atmende Jasager lässt sich tragen von der Strömung des Lebens. Atmend feiert er mit beim Lebensfest der Seienden. Das Wunder des Seins lässt ihn atmend mit allen Zellen sein Ja tanzen. Seine Beine sind schnell und seine Gedanken hell.

Gerne lässt er sich vom inneren Strahlen ergreifen.

*Je intensiver der Atem* alle Zellen durchwandert, um so mächtiger ist das Anvertrauen zum Leben. Das Vertrauen wiederum bewirkt ein noch tieferes Hineinlassen des Atems. Darüber hinaus schafft es einen wohltuenden Flow. Im Schmelzen kann das Denken sich in spielerischer Freiheit entfalten. Ein enges Zusammenspiel von Körper, Seele und Geist erzeugt das Glück der Seinsverbundenheit.

Der Atem oszilliert ständig zwischen Innen und Außen. Der große Atem durchströmt den Jasager und mit ihm unzählige andere Wesenheiten. In den großen Atem lässt sich der Jasager hineinfallen. Er wird getragen von der Wirkkraft des großen atmenden Ja. Je mehr der Jasager sich anvertrauen kann, um so fröhlicher ist seine Stimmung. Seine Gedanken öffnen sich für das gespürte und verborgene Sein.

Der Jasager lässt sich ergreifen vom Unbegreiflichen. Er spürt inneren Frieden. Er hört den Gesang der Sterne.

Er ist freudig berührt.

*Einen Gott zu erfassen*, ist eine unmögliche, sich selbst überhebende Unternehmung. Spirituelle Hochstapelei! Das Bilderverbot bezüglich Gottes im Alten Testament macht für den Jasager Sinn. Ein Gott hat die Freiheit, jenseits aller menschlichen Vorstellungen handeln zu können. Ein Gott passt in keine Denkschablone. Wenn der Jasager leidenschaftlich vom Flow beseelt wird, kann er von Herzen in aller Fröhlichkeit sagen: Gott ereignet sich als die unmögliche Überraschung. --- Und: Wer will schon unmögliche Überraschungen? Wir wollen doch Gewissheit. Ja. Diese Gewissheit gibt es nur im Anvertrauen. Gott überrascht im tiefsten Flow. Der Jasager weiß natürlich, dass er einen Gott nicht darauf festlegen kann.

Wir denken und produzieren Bilder. Wir wissen, dass es keinen Sinn macht, das Sein in ein Bild zu pressen. Trotzdem tun wir es.

Lachend spricht der Jasager vom begrenzten Denken.

*Einen Gott zu töten* macht Sinn. Manche erfahrene Menschen basteln sich ihren Gott wie die Zutaten zu ihrer Lieblingsspeise. Der Jasager akzeptiert, dass Menschen Gott auf unterschiedliche Weise erfahren. Bauchschmerzen macht es ihm allerdings, wenn jemand daherkommt und für alle Zeiten und alle Menschen vom Wesen des einen Gottes spricht. Solche unverrückbaren Festnageleien verpassen für den Jasager das Wesen Gottes. Der freie Gott – und einen anderen kann der Jasager sich nicht vorstellen – kann nicht zementiert werden in menschliche Begrifflichkeiten. Wer einen in Zement eingeschmolzenen Gott mit sich herumträgt, sollte sich von diesem - ohnehin schon getöteten Gott – verabschieden. Der handhabbar gemachte Gott verhindert, dass sich Gott noch ereignen kann.

Kann das Bild vom freien Gott auch zur Fessel werden? Der Jasager kehrt atmend bei sich ein.

Nachdenklichkeit überkommt ihn. Er summt leise.

*Nietzsche hat recht,* wenn er den Gott, der dazu herhalten soll, eine lebensverneinende Moral durchzusetzen, für tot erklärt. Ein Gott, der das Leben nicht will, ist dem Jasager ein Gräuel. Nietzsche hat unrecht, wenn er meint, dass das Sein sich ein für alle Mal auf ein Sein ohne Gott festklopfen lasse. Jedes Ausschalten des Wirkens von Größerem, in das der Mensch hineingenommen und verwoben ist, kastriert das Verbindung erstrebende Menschentier. Die Freiheit des zum Ereignis werdenden Gottes bekämpfen die Gottesbeweiser gemeinsam mit denen, die seine Nichtexistenz fixieren.

So wie ein Gärtner seine Pflanzen pflegt, damit sie wachsen können, nutzt der Jasager sein Denken, damit seine Lebendigkeit sich entfalten kann. Für den Jasager hat das Denken eine dienende Funktion. Dieses Denken lauscht ins unerkannte Offene.

Der Jasager hält inne.

„*Geh hin, Franziskus,* baue mein Haus wieder auf, das am Einstürzen ist." Der Angesprochene hört Christus selbst zu sich sprechen. Für ihn ereignet sich in diesen Wort Gott. Das Gottesereignis führt zum Wandel im Leben vom heiligen Franz. Er beginnt sofort damit, die verfallene Dorfkirche wieder aufzubauen. Sein gesamtes Leben verbringt Franz damit, das Haus Gottes aufzubauen. Der Jasager sieht in der geschilderten Erfahrung des heiligen Franz, dass es unhinterfragbare Konsequenzen hat, wenn sich für einen Menschen Gott ereignet. In der Zeit des heiligen Franz war es möglich, dass Menschen wie selbstverständlich ihre persönlichen Gottesereignisse erleben konnten. Diese Selbstverständlichkeit bewundert der Jasager. Seine Sprache ist eine andere als die des heiligen Franz. Für den Jasager ereignet sich Gott häufig leise, vielleicht sogar wortlos. Oder noch anders. Manchmal schämt sich der Jasager sogar, wenn er ein Gottesereignis ahnt.

Sehnsucht ergreift den Jasager.

*Ein bewusst erlebtes Gottesereignis* kann, aber muss nicht geschehen. Erlebte Gottesereignisse sagen wenig über das umfassende Wirken Gottes aus. Sie sagen nur etwas darüber aus, wie Gott sich für einige Menschen ereignet oder nicht ereignet.

Der Jasager sieht die immer Beschäftigten. Alle die, die sich besonders darum verdient machen, keinen Stillstand aufkommen zu lassen. Ganz gleich ob gearbeitet oder Freizeit gestaltet wird. Die Aktiven nehmen alles selber in die Hand. Die gründlichsten von ihnen glauben, dass alles Wohl und Wehe einzig und allein von ihrem pausenlosen Schaffen abhängt.

Die, die das Leben vollgepackt haben wie einen randvollen Speicher können leicht glauben, dass es nichts geben kann als Schaffensräume. Wo ist die Offenheit? Wo das Größere? Die Verbindung? Was für ein Schaffender bin ich?

Fragend und nachdenklich verstummt der Jasager.

*Offenheit für das Sein* strebt der Jasager an. Im Spiel übt er sich im Offensein und merkt häufig, dass es enorme Gegenkräfte in ihm gibt. Sein inneres Kamel signalisiert immer wieder, dass ihm das Bekannte und das Sichere gefallen. Eine große, unzerstörbare Kathedrale bewundert der Lastenträger. Zu recht ist er stolz, wenn er sieht, dass durch seine Mühe, die Steine wunderbar aufgetürmt werden konnten. Löwen sind versessen darauf, dass Steine zu Bruch gehen. Auf diese Weise helfen sie, dass Neues geschehen kann. Der Jasager erkennt, dass das Neue sich zwischen Kamelbeharren, Löwenaversion und spielerischem Schaffen vollzieht. Das Bezogen- und Verwobensein dieser Qualitäten macht das Wirken des Seins aus. Das kommt dem Jasager manchmal wenig wie eine harmonische Symphonie vor, vielmehr erklingen viele Disharmonien und schräge Töne. Er nimmt die Aufgabe an, in dieser manchmal verwirrenden, verqueren Mehrtönigkeit Offenheit für das Sein zu praktizieren.


Meist ist er guten Mutes.

*Der unbekannte Gott* lässt den Jasager wach sein. Dieser Gott hilft, das Gottes-Ereignis im Offenen zu ermöglichen. Manchmal begegnet dem Jasager ein schweigender Gott. Er lernt, auch diesen Gott willkommen zu heißen. Die zarten Seinsöffnungen, die sich im schweigenden und unbekannten Gott kundtun, sind für den Jasager wie ein sanftes, ungewohnt kräftiges Pulsieren in seinen Zellen. Manchmal ist ihm so, als wenn die Zartheit dieser Erfahrung ein Lauschen von ihm verlangt, dass er allenfalls als Vorahnung kennt. In manchen Momenten ist ihm als ereigne sich ein Gott schneller als ein Blitz und heller als alles Licht. Schmerzhaft spürt er seine Begrenzung, beglückt nimmt er diesen Gedanken als Ahnung zu sich.

Der Jasager lässt es sich nicht nehmen, dem unbekannten Gott zu huldigen.

Er bittet, dass er offen bleibt für den Gott, der sich ereignen kann.

Fröhlich geht der Jasager durch seinen Tag.


Er fühlt sich verbunden.

*Der Jasager wünscht sich*, dass er immer wieder offen sein kann, wenn die Engel tanzen und ihr Gesang den Raum erfüllt. Er fragt sich, ob er es annehmen könnte, den Engeln zu begegnen. Würde er möglicherweise vor Angst zu Staub werden, wenn ihre überwältigende Kraft zu ihm käme? Und wenn dies schon bei den Engeln so ist, um wie viel mehr erst bei einem Gott. Diese Gedanken lassen den Jasager erbeben.

Unheimlich wird ihm das Geheimnis des Seins. Seine Offenheit erfüllt ihn mit Sehnsucht und Furcht zugleich. Der Jasager merkt, dass ihn eine Ahnung für seinen ganz persönlichen heiligen Raum anrührt.

Der Jasager möchte mit sich sein und die Verbindung zum Größeren schmecken. Egal, wie diese Verbindung gerade ist. Fast schwindlig wird ihm bei dem Gedanken, dass es keinerlei Haltepunkt für das Seinsereignis gibt. Einem Gott ist nicht mit Mathematik beizukommen.

Zitternd lauscht der Jasager.

*Im Jetzt zu sein*, hebt alle Gedanken auf. Wer ganz im Jetzt ist, hat alle Sorgen und alle Überlegungen überwunden. Das allernächste, das Jetzt, ist so nah, dass es leicht übersehen und übergangen wird. Es bekommt einfach keine Chance. Ganz im Jetzt zu sein, bedeutet das Ende von Zeit. Es ist Präsenz im Raum, im Hier. Im Hier und Jetzt ist alles Suchen und Finden von Götterboten, Engeln und Göttern ans Ende gekommen. Wer im Jetzt ist, sorgt sich nicht mehr um seine Existenz.

Im Hier und Jetzt ereignet sich das nicht zu überbietende Ja. Es stellt sich nicht die Frage, ob das, was ist, gut ist. Es ist.

Momente von Präsenz enthalten einen unvergleichlichen Reichtum. Wer auch nur eine tausendstel Millimilli Sekunde davon schmeckt, braucht keine Erklärung, was es heißt, himmlische Speise zu kosten. In der Hingabe, die sich ganz im Spiel versenkt, bekommt der Jasager eine Ahnung davon, wie sich Sein ereignet.

Er ist tief dankbar.

Ihm ist wie Weinen und Lachen zugleich.

# Wechselfälle

*Der Frühlingswind* frischt auf, mischt neu. Schnelles Vergessen des kalten Winters beflügelt die Seele und Vogelgesang macht wach. Der Jasager entdeckt verheißungsvolle Knospen. Vorfreude auf neue Blüten und Früchte erwärmen sein Herz. Gerne stürmt er hinaus.

In der Wärme des Sommerwindes fühlt sich der Jasager zärtlich berührt. Dankbar nimmt er an, wie sich seine Haut liebkosen lässt. Draußen, im Freien, ist der Jasager mit den Schwingungen seiner liebenden Seele verbunden. Schlendernd zieht er Spuren auf den Wegen der pulsierenden Stadt.

Der Herbstwind pfeift auf den Sommer. „Runter, hinweg, hinüber!", ist seine Parole. Der Jasager genießt das Verschwinden und das Aufsteigen der Drachen. Er erfreut sich an den bunten Blättern.

Es ist die Zeit der kräftigen, ausgereiften Schritte.

*Der Winterwind* treibt die Kälte bis ins letzte Loch. Wer gerade daraus pfeift, hat schlechte Karten. Hinweggeblasen ist alles, was einst die nackte Haut lustvoll zum Glühen verlockte.

Der Jasager zieht sich warm an. Er hält die Füße still. Ein langer Winter vermehrt die Hoffnung auf einen erfrischenden Frühling.

Der Jasager macht sich die wechselnden Winde und Jahreszeiten zu Freunden. An ihnen lernt er, in unterschiedliche Schwingungen einzutauchen und sie wieder zu verlassen. Die Wechselfälle der Natur bestärken ihn in seiner Liebe zum Ereignis der Veränderung. Wie eine sanfter Hinweis auf das Offene des Seins ist ihm der Wechsel der Zeiten.

Er lässt seine Gedanken schweifen.

*Odysseus ist eine wahre Löwennatur.*
Nach dem Ende des trojanischen Krieges bestreitet der kriegerische Seefahrer seine nach ihm benannte Irrfahrt. Seine Motto ist: Die Gegner wechseln, das Kämpfen beibehalten! Gegen die scheinbar übermächtigen Gegner benutzt der Krieger seinen auf immer neue Listen sinnenden Verstand.

Vernünftig sein bedeutet für den Krieger, Listen erfolgreich anzuwenden. Sein Äußeres ändert sich. Zuhause erkennt ihn niemand. Seine List verkleidet ihn als Bettler. Sämtliche Konkurrenten, die um seine schon lange, lange wartende Penelope kämpfen, schlägt er bei einem Präzionswettbewerb der Waffenführung. Götter und Göttinnen begegnen dem rastlosen Dauerkämpfer. Der hohe Adrenalinspiegel lässt keinen Raum für die Begegnung mit dem unbekannten Gott, der mehr ist als ein Trainingscoach für seine List.

Der Jasager ist klüger als Odysseus.

Er singt leise und intensiv.

*Ein Mensch ist gut.* Er arbeitet fleißig, zahlt seine Steuern und spendet für Notleidende. Er ernährt sich gesund und wohnt im Ökohaus. Er wird von einem unheilbaren Krebs überfallen und versteht die Welt nicht mehr. Er ist verzweifelt.

Ein Mensch hat den „Stoff", wie er sagt, bis zum Exzess reingezogen. Inzwischen ist er älter und nachdenklicher geworden. Er macht seine eigene Musik, gibt sich ihr hin. Er wird von einem Krebs überfallen. Es wundert ihn nicht, dass es die Leber ist. Er sieht nüchtern, wie er Raubbau an seinem Körper getrieben hat.

Ein Mensch führte eine asketische Lebensweise. Als er älter wird, packt ihn irgendeine unbekannte Kraft und lässt ihn zum hemmungslosen Raucher werden. Er bekommt einen Schlaganfall. Er raucht weiter. Er hustet. Er sagt, dass er das Rauchen nicht aufgeben will.

Der Jasager singt in Zorn und Trauer. Ja.

*Ein Kind freut sich auf das Morgen.* Morgen ist dann, wenn ich größer bin. Wenn ich auch ein Erwachsener bin. Wenn ich soweit bin, dann … Solche Gedanken beflügeln. Der Jasager mag das Kind, das sich freudig den Träumen und Gedanken von der Zukunft hingeben kann. Das vom Morgen als Größerem denkende Kind trägt in sich den Wandel so selbstverständlich wie ein Samen die Potenz zur Pflanze. Solche Gedanken vertragen sich gut damit, dass spielerisch etwas aufgebaut und zerstört wird.

Das Kind, das sich auf das Morgen freut, sieht im Erwachsensein ein bezauberndes Strahlen. Auch wenn der Erwachsene es in seinem Bewusstsein schon lange getötet hat. Erwachsene können spüren, wie Kinder ihnen einen munteren Blickwechsel schenken. Der Jasager lässt sich gerne in die Schwingung des Kindes hineinnehmen.

Wie ein Bote des Himmels ist ihm dieses Kind. Voller Ja.

Er freut sich.

*Die Sonne scheint.* Gute Stimmung. Dunkle Wolken ziehen auf. Schlechte Stimmung. Dunkle Wolken ziehen ab. Stimmung hellt sich auf. Die Sonne scheint. Ausgezeichnetes Befinden. Die Sonne verschwindet. Das Gemüt verfinstert sich. Schwarze Wolken erobern den gesamten Himmelsraum. Die Gedanken sind dunkel wie ein finsteres Verließ. Zwischen dunklen Wolken zeigt sich ein bläulicher Spalt. Die Kellergedanken färben sich ein wenig heller. Das Blaue strahlt alles Schwarze weg. Die hellen Gedanken vertreiben die unterirdisch Finsteren. Die Sonne blinzelt ein wenig. Das Gemüt erlaubt sich ein Quäntchen Frohsinn. Dunkle Wolken, strahlende Sonne und blauer Himmel. Gedankendurcheinander und heiteres Gemüt.

Der Jasager ist ein Folgender all seiner Stimmungen. Täglich wandert er durch die Wechsel. Die Stimmungswechsel finden in ihm ein Zuhause. Sie sind nicht seine Taktgeber, sondern seine Begleitmusiker. Er mag sie.

Er liebt die Selbstaufmerksamkeit.

*Ein Wohin-Bild* wirkt wie ein nach oben ge-
spanntes Seil. Es macht, dass der Jasager gerne
aufsteht. Der Jasager kennt Zeiten, in denen er
mühelos und mit großem Eifer von der unsichtbaren Schnur in Schwingung versetzt wird.
Manchmal ganz heftig. Er möchte sich ganz für
das Wohin-Bild verausgaben.

Wenn dieses Bild nicht mehr wirkt, ist das
wie ein kleinerer oder größerer Untergang von
Sonne, Mond und Sternen. Der geübte Jasager
verfällt dann nicht ins Grübeln, auch nicht in
Melancholie. Vielmehr weiß er, dass dieser
Wechsel ein Zeichen zur Einkehr bei sich ist. Er
hat zu empfangen, wie die Weichen für den Le-
benszug neu zu stellen sind. Diese Wechselzeit
ist jedes Mal eine neue Herausforderung.

Auf seinem Wechselweg entdeckt der Jasager, dass Wohin-Bilder jeweils ihre Zeit haben. Er
lernt, dafür immer empfänglicher zu sein.


Er ist entspannt und vergnügt.

*Mit 66!* Udo Jürgens singt, dass dieses Datum der Aufbruch ins Leben ist: Da fängt das Leben an. Da hat man Spaß daran. Da kommt man erst in Schuss. Da ist noch lang noch nicht Schluss.

Diesen Song kann man sehr verschieden hören. Einerseits ist darin ein Ja zum Leben enthalten, das sich durch das Älterwerden nicht bremsen lässt. Vielmehr ist das Älterwerden paradoxerweise eine Chance, die Intensität des Lebens zu steigern. Andererseits fängt das Leben in diesem Song erst in der Rente und im Alter richtig an. Was ist das für ein Leben, das es vor dieser Zeit gibt? Offensichtlich eines, dass von der Hoffnung lebt, dass es eines Tages, sprich mit 66, richtig losgeht. Der Jasager zweifelt, dass solcherlei Lebensvertröstung Sinn macht. Ein Vertagen des richtigen Lebens schmeckt ihm nicht. Wie soll jemand später leben können, der sich vorher nur im Abstellen und Warten geübt hat? Solche Wechselfallplanung macht skeptisch.

Der Jasager besinnt sich auf den Sinn des Wartens.

*Herr A trifft Herrn B:* „Sie haben sich wirklich kein bisschen verändert seit wir uns vor über 20 Jahren gesehen haben." „Dieses Kompliment kann ich Ihnen gegenüber gerne erwidern", bemüht sich Herr B schnell zu sagen.

A und B finden Gefallen daran, sich an alles Bekannte zu erinnern. Sie steigern sich intensiv in die vertrauten Bilder. Beide denken, dass für sie keine Zeit vergangen ist. Wechselseitig bestärken sie sich darin, dass zwischen ihnen alles genauso ist wie einst. Sie sind wie Bäume, denen die Jahreszeiten nichts anhaben konnten. Wie zwei Steine, die gegenüber den Gezeiten unverwüstliche Identitäten bewahren, stehen sie sich gegenüber. A und B genießen diese illusorische Begegnung der wechselfreien Zeit.

Der Jasager denkt: Sie sollten sich nicht zu häufig treffen. Der Schein des Stabilen könnte bröckeln.

Der Jasager macht einen Luftsprung. Er lacht.

*In ungefähr fünf Milliarden Jahren* soll die Sonne ihren Wasserstofftreibstoff verbraucht haben. Dann wird sie sich in einen roten Riesen verwandeln, der wohl in etwa das Tausendfache ihres jetzigen Volumens einnehmen wird. Nach dem Abstoß großer Mengen von Materie wird sie zu einem Zwergstern schrumpfen. Damit ist das Ende der Sonne besiegelt. Der blaue Planet hat dann auch keine Zukunft mehr.

Die Wechsel, die in ferner Zukunft stattfinden, haben den Vorteil, dass sie kein direktes Handeln erfordern. Sie wirken in keiner Weise bedrohlich. Sie erinnern auf eine distanzierte Art an die Vergänglichkeit des Seienden. Fast so, als ginge das die Sterblichen auf der Erde nichts an.

Der Jasager gesteht sich ein, dass es Geschehnisse gibt, die nur am Rande berühren.

Ganz, ganz leise spürt er eine Trauer, wenn er an das Ende des blauen Planeten denkt.

*Die Freiheit* erscheint im Nachhinein häufig größer als in der erlebten Situation. Auch der Jasager kennt die Sätze des Bedauerns: „Ach, hätte ich doch!" Der Jasager lässt sich durch solche Gedanken nicht dazu verleiten, seine Freiheit zu überschätzen. Er übt sich darin, anzunehmen, dass er damals das getan hat, was ihm seinerzeit möglich war. Zu jenem Zeitpunkt war er nicht der, der er jetzt ist, wenn er sagt: „Ach hätte ich doch!"

Der Jasager weiß, dass es jetzt darauf ankommt, das zu leben, was für ihn wirklich dran ist. Diese Zeit wird vergehen, so wie es damals schon geschah. Der Jasager möchte die Wachheit für diese Zeit. Darum bittet er. Ihm ist klar, dass auch diese Zeit ihr Ende haben wird. Aber: Das muss er heute nicht bewältigen.

Seine Freiheit besteht heute darin, den inneren Schöpfer kreativ sein zu lassen. Das Motto ist: „Nicht wie ich will, sondern wie Du willst, mein innerer Schöpfer."

Der Jasager lauscht liebevoll in sich hinein.

*Jeder Gedanke hat seine Zeit.* Das heißt, dass es keine Gedanken gibt, die Ewigkeitsqualitäten haben. Gemessen an den unendlichen, nicht vorstellbaren Dimensionen des Kosmos sind persönliche Gedanken kaum mehr als ein Nichts. Dennoch lässt sich über diese Fast-Nichtigkeiten vortrefflich streiten. In manchen Augenblicken erscheint die eigene Vorstellung wie ein Absolutes. Wer es wagt, das Absolute anzuzweifeln, begeht eine Art gefühlter Gotteslästerung. Der Jasager lässt sich nicht täuschen. Der Jasager bittet sein Gegenüber um Nachsicht und Vergebung, wenn sich sein Ich wieder einmal in Richtung Absolutum verstiegen hat. Auch Anderen kann er solche Verbiesterungen und Verbeißungen nachsehen. Lebenspläne können sich als Fehlspekulation herausstellen. Selbst bei allerbestem Abwägen und Berechnen bleiben Lücken, die den sorgfältigsten Gedanken zurück ins Nichts befördern können.

Das Sein zeigt sich dem Jasager als Überraschung und Geheimnis.

Er staunt.

*Nicht anzuhaften* erscheint dem Jasager eine sinnvolle Haltung angesichts der Wechselfälle des Lebens. Das Nichtanhaften hindert den Jasager nicht, mit aller ihm möglichen Lebendigkeit präsent zu sein. Der Jasager merkt, wie ihn das Erreichen seiner Ziele immer mehr festlegt. Der eingeschlagene Weg wird zum Gut, das nicht wieder aufgegeben werden möchte.

Er liebt nicht mehr einfach das Leben, sondern die eine, einzige, klitzekleine Form, die er für sich gefunden hat. Mit dieser Erfahrung wird es zur Übungsaufgabe, nicht anzuhaften.

Wer nichts als seine Form erlebt, für den gibt es auch nichts zum Klammern. Absolute Armut kennt nicht die Probleme der Habenden. Der Jasager lauscht immer wieder den Wechselfällen des Lebens. Es kann auf allen Ebenen vom Reichtum zur Armut gehen und umgekehrt. Mit dem Abschied von Einbahnstraßen ringt er. Humor ist ihm ein Freund dabei.

Der Jasager schmunzelt in sich hinein.

*Der Jasager mag Übergänge.* Er liebt Abende, an denen sich das Licht dimmt und allmählich verabschiedet. Die Dämmerung lässt ihn Hineingleiten in schimmerndes und schummriges Licht, das weder ganz hell, noch ganz dunkel ist. Ähnlich geht es ihm auch am Tagesbeginn. Er mag es, wenn sich die Nebel allmählich auflösen und das Licht strahlend hervortritt.

Übergänge sind dem Jasager ein Zeichen für Wandlungen. Morgendliche und abendliche Übergänge machen sichtbar, wie sanft und fast unmerklich sich Wechsel vollziehen können.

Der Jasager hat erfahren, dass Wechselfälle häufig über lange Zeit im Verborgenen geschehen. Es ist nicht auszumachen, wann sie hervortreten.

Der Jasager bittet darum, offen für die Übergänge und Wandlungen seines Lebens zu sein.

Lachend denkt er: „Morgen gehe ich über die Flussbrücke."

*Selber zum endgültigen Wechselfall zu werden*, ist das Schicksal aller Jasager.

Die Wandlungen des Lebens machen den Jasager zuversichtlich. Sie lassen den Jasager glauben, dass das Sein nichts als ein beständiger Wechsel ist. Diese Wechsel mögen schwierig sein, sie bestärken jedoch in der Gewissheit, dass es es immer weiter geht. Diese Erfahrung macht Hoffnung, dass der Tod auch ein Wechselfall ist, der zu einem Sein führt, das in seiner Form zwar nicht vorstellbar ist, aber dennoch stattfindet.

Die Hoffnung befreit den Jasager nicht davon, mit dem endgültigen Verschwinden als Körperwesen und Menschentier von Zeit zu Zeit zu hadern. Dazu ist er zu gerne auf dem blauen Planeten. Die Wechselfälle des Lebens lehren den Jasager auch, Veränderungen auf sich zukommen zu lassen. Melancholisch, sehnsuchtsvoll und freudig übt er sich, dem Unbekannten mit Vertrauen zu begegnen.

„Wirken zulassen", sagt er sich.

Manchmal betrübt, manchmal glückselig.

# Eselsfeste

*Der Esel* ist schon seit einigen tausend Jahren ein treuer Begleiter und Helfer des Menschen. Er ist genügsam und ausdauernd. Auch Gutmütigkeit wird ihm nachgesagt. Auf seinen Wegen ist er äußerst wachsam. Er bleibt stehen, wenn er Gefahren wittert. Manchmal wird dann zu Unrecht behauptet, er sei störrisch. Noch übertriebener ist es, die eigene Dummheit auf den Esel zu projizieren. In positiver Hinsicht wird ihm Eigensinnigkeit nachgesagt. Nicht zu vergessen, dass ihm schon sehr früh sexuelle Potenz zugeschrieben wird. Die Spannbreite von Zuverlässigkeit bis „echt geil" macht den Esel liebens- und begehrenswert.

Dem humorvollen Jasager gefällt am Esel dessen spirituelle Sprachkompetenz. Der Esel drückt als sprechender Minimalist die Essenz aus, wenn er einfach immer wieder I-A, I-A, I-A intoniert. Er ist der konsequenteste Jasager. Gerne singen Jasager gemeinsam ein Loblied auf den grauen Gefährten.

Freudig und ansteckend lachen sie.

*Gute Traditionen* sind den Jasagern willkommen. Die mittelalterlichen Eselsfeste waren
ein wildes Narren- und Karnevalstreiben. Der
damalige Katholizismus konnte es sich offenbar
erlauben, sich einmal im Jahr selbst zu persiflie-
ren. Der Eselspriester zelebrierte seinerzeit das Ja
von Bruder Esel und die Gemeinde antwortete
mit dem eigenen Ja. Die katholische Fakultät von
Paris ist im fünfzehnten Jahrhundert gegen Kri-
tik für die Beibehaltung dieser Feste eingetreten.
Sie sah die Narretei als ein gutes Ventil und als
menschliche Eigenschaft, die zu akzeptieren sei.
Diese ausschweifenden Feste könnten dazu bei-
tragen, dass im Rest des Jahres die Frömmigkeit
um so ernsthafter praktiziert werde. Der Esel hat
im Christentum einen festen Platz. An der Krip-
pe, beim Einzug Jesu in Jerusalem, bei der Flucht
Mariens nach Ägypten. Auch den wilden Gott
Dionysos begleitet das potente Tier. Das gefiel
besonders dem Zarathustra.


Der Jasager lacht. Der Esel ist ein Verbin-
dungssymbol.

*Heilige und Narren* feiern das große Fest des Ja. Sie üben sich darin, in ihren Worten und Gesängen alles Geschehen in ein großes Ja hineinnehmen zu können. Dafür erwerben sie einen gewissen Abstand von dem, was gemeinhin als „normal" bezeichnet wird. Der Jasager versteht unter einem Heiligen einen Menschen, der sich absondert, um sich im Ja zu üben. In diesem Sinne ist jeder, der den Weg des Ja geht, auch ein Heiliger. Dazu bedarf es keiner großen Organisationen und „Verkleidungen". Der Narr hilft, alles Geschehen in seiner Schrägheit und Relativität aufscheinen zu lassen. Jasager lieben es, zeitweilig Narren zu sein. Narren schaffen es, in allem etwas zum Lachen zu entdecken. Heilige und Narren sind ein starkes Ja-Team. Im Feiern des Ja haben beide ihren Platz. Für Katholiken ist das überhaupt nicht neu. Viele Protestanten sehnen sich danach. Und viele andere auch.

Jasagen ist ernsthaft und spaßig. Heilig und verrückt. Zugleich.

Die Jasager können vor Freude kaum noch an sich halten.

*Der Taugenichts* ist beim großen Fest des Ja immer dabei. Ein Taugenichts ist offen dafür, was jeder neue Tag ihm schenken wird. Diese Offenheit lässt ihn aus Konventionen ausbrechen. In der Romantik zieht Eichendorffs gleichnamige Romanfigur durch die Welt. Spielt sich und Anderen die eigene Musik vor und arbeitet nur soviel wie eben nötig. Er macht die Erfahrung, dass das Leben gut zu ihm ist. Er sehnt sich nach Liebe, die ihm geschenkt wird.

Im Vertrauen zum Leben, im Einlassen auf das, was geschieht, findet der Taugenichts sein Ja zum Leben. Er führt eine entschleunigte Existenzweise. Er ist völlig frei von der Hetze eines Yuppie, der ganz schnell und zielgerichtet erfolgreich sein will. Die kleine, bürgerliche Welt mit ihren Habseligkeiten muss er sich nicht hart erarbeiten. Sie fällt ihm zu. Er bekommt alles, indem er einfach entspannt da ist.

Lachen kann der Jasager über den Yuppie und den Hippie.

*Aufgehen* ins große Ja ist eine riesige Freude. Es bereitet Jasagern einen unbeschreiblichen Spaß, die Sorge ums Sein fahren zu lassen. Goethe singt davon in dem Gedicht „Eins und Alles".

Im Grenzenlosen sich zu finden
Wird gern der Einzelne verschwinden,
Da löst sich aller Überdruß;
Statt heißem Wünschen, wildem Wollen
Statt lästgem Fordern, strengem Sollen
Sich aufzugeben ist Genuss.

Goethe lässt es sich nicht nehmen, einen Toast auf das Ja zum Wandel auszubringen.

Und umzuschaffen das Geschaffne,
Damit sichs nicht zum Starren waffne,
Wirkt ewiges, lebendiges Tun.
Und was nicht war, nun will es werden,
Zu reinen Sonnen, farbigen Erden,
In keinem Falle darf es ruhn.

Am Ende preist er das Stirb und Werde
.

Denn alles muß in Nichts zerfallen,
Wenn es im Sein beharren will.

Die Jasager tanzen. Ja.

*Das Abendfest* feiern die Jasagenden eher besinnlich. Die Musik wird piano bis pianissimo eingespielt. Die Körper dürfen sich entspannen. Sie machen es sich bequem, sitzend, liegend oder stehend. Die Bilder des Tages können auftauchen. Das Erreichte darf Zufriedenheit auslösen, das Liegengebliebene Zuversicht für Morgen. Ärger, Zorn und Trauer und die damit verbundenen Situationen vergegenwärtigen sich noch einmal. Dann verabschieden sie sich freundlich und machen Platz für das angenehm Lustvolle. Dieses lassen die Jasager tief in sich hinein sinken.

Der Atem saugt die bestärkende Lebensfreude auf.

Das Denken der Jasager würdigt alle Erfahrungen, egal wie ihre Qualitäten sind. Erhaschen sie noch die letzten Strahlen der Sonne, so danken sie ihr für die wunderbare Energie. So wie die Sonne sich ihren Blicken entzieht, werden auch sie sich den Blicken der Welt entziehen. Für eine Weile. Nach der Abendfeier. Ja.

Die Jasager spüren dankbar in sich hinein.

*Das Fest des letzten Tages* ist von besonderer Intensität. Das Ende des Lebens vorwegnehmend, fertigen die Jasager Listen an. Die ersten Listen des Habens enthalten alles, was an Anfassbarem das jeweils Eigene genannt werden kann. Die zweiten Listen des Habens enthalten alles, was an Mitteln zur Verfügung steht, um Anfasszeug zu erwerben. Andere Listen enthalten Bewirktes gegenüber Anderen, aufgeschlüsselt nach erzeugtem Ärger oder Freude. Die letzte Listenart befasst sich mit dem, was Jasager bis jetzt aus sich haben hervortreten lassen. Wenn die Jasager vor ihrem inneren Augen alles Haben und Gewirkte anschauend zu sich genommen haben, verweilen sie mit den dazu entstehenden Emotionen. Egal, welche. Den Abschluss des Festes des letzten Tages bilden Bewegungen, Tänze, Dichtungen und Gesang, die das Loslassen von allem Erworbenen beklagen und belobigen.

Mit Humor feiern sie ihr Eingebundensein in Größeres.

Durchgeschüttelt, erschöpft und froh sinken die Jasager sich in die Arme.


Manche gehen zu Boden.

*Die Wer-hat-Recht-Performance.* Jasager schlüpfen in die Rolle von klugen Leuten wie Philosophen, Wissenschaftlern oder Politikern. Sie machen sich einen Spaß daraus, einfach recht haben zu wollen. Sie tun so als wüssten sie ganz genau Bescheid. Die Anderen sollen ihnen folgen. Sie schmücken ihre Darstellungen gerne mit Satzbausteinen, wie den folgenden:

Hierzu gibt es keine Alternative
Dies ist wissenschaftlich erwiesen
Hier ist alles sorgfältigst geprüft worden
Wir haben gründlichst debattiert

Die Jasager genießen es, sich durchsetzen zu wollen. Die Spielerprobtesten lassen sich allerdings nicht mehr von ihrer Rechthaberei beherrschen. Sie können sich jederzeit neben sich stellen und in schallendes Gelächter ausbrechen.

Die Jasager jubeln, wenn sie an die nächsten Tage ihrer Arbeit denken.

Das Leben ist ihnen eine höchst vergnügliche Angelegenheit.

*Mit einem anschwellendem und* einem abschwellendem Gesang geben sich die Jasagenden
der Wellenbewegung des Lebens hin. Wenn die
Töne ganz verklungen sind, verharren sie miteinander in der Stille. Es ist ein Ankommen.
Gleichzeitig ein Sammeln von neuer Kraft. Die
Jasager spüren in diesem Moment im unhörba-
ren Nachschwingen die Geborgenheit im Klang.
Im Wechsel von an- und abschwellendem Gesang fühlen sich die Tönenden in ein freundli-
ches, haltendes Sein eingehüllt. Je länger sie sich
den Tönen hingeben, um so intensiver werden
sie von den Tönen aufgefangen, in diese aufgehoben. Umweitend und erhoben zugleich entspannen sich die Jasagenden.

Sie spüren die Freude, ihr Leben in der un-
aufhörlichen Wellenbewegung des Seins zu genießen. Im Pianissimo und Silentio merken sie in
der Zartheit die Kraft des Ja. Sie sagen ja zu ihrer
Offenheit. Ein großes Geschenk.

Viele warme Herzen schauen sich an.

*Wir sind Esel.* Geil und besonnen, verlangend und pausierend, aber auch immer wieder dumm, vielleicht dümmer als der das Wesentliche aussprechende vierbeinige Meister. Wir, die jasagenden Menschentiere, wissen, dass unsere Zeit hier begrenzt ist. Dieses Schicksal teilen wir miteinander. Wieso vergessen wir es sooft und verlieren uns in scheinbar wichtigen Kämpfen? Oder ist dieses Geträume von einem friedlichen Miteinander die allerdümmste Flause, die je einem Menschen in den Sinn gekommen ist? Solche Gedanken sind schwer auszuhalten. Ein ewiger Kampf als endgültige Qualität allen Seins? Das ist ein beunruhigender, schlafraubender, verohnmächtigender Gedanke.

Die Jasager üben sich darin, auch angesichts der Atom- und Chemiebomben auf dem Hochseil des Lebens fröhliche Lieder zu singen. Sie umarmen sich. Sie jubeln in aller Vielfalt. Irgendeine Kraft lässt sie fröhlich sein.

Sie schmecken ihre Zeit als äßen sie zum ersten Mal davon.

*Tausende und Abertausende* Worte, ach was, Millionen und Abermillionen Worte werden gesprochen. Sie sind ein Geschenk der Göttin der Freude. Gepflückt von all den Luststräuchern, die nie verblühen und nie vertrocknen. Ebenso viele Tänze werden getanzt. Bilder gemalt. Plastiken gemeißelt. Musik gespielt. Lieder gesungen.

Die unsichtbare Kommunität der Jasager nimmt die Fülle des Seins voll zu sich. Überbordend nutzen sie alle ihnen zur Verfügung stehenden Möglichkeiten, um das zu schaffen, was aus ihnen heraustanzen und jubeln möchte. Alle Anstrengung und alle Pein scheinen verbunden mit einer tiefen Lust, die sogar ungespürt noch alles Schöpferische beflügelt. In der Einheit von Schöpfung und Lust ist alle Armut an ihr Ende gekommen. Schöpferische Jasager schwelgen im Reichtum des Seins. Ihr Denken sagt dazu Ja und der Zwischenpunkt von Ich hilft gestaltend mit.

Ein pathetisches Ja strömt sich hinaus.

*Eine Pause. Stopp.* Aufhören. Viel zu viel. Ich komme da nicht mit. Ich verliere mich. Das ist ja wie ein Karussell, das sich so schnell dreht, sodass es schon wieder stillsteht. Das ist unfassbar. Ich will da raus. Hilfe.

Das Fest des Ja macht Angst. Selbst geübte Jasager sind davor nicht gefeit. Manche dachten, einzig der große Kastrator, der Tod, sei zum Fürchten. In der Tiefe der Lust mit all ihrer Fülle merken sie, dass das Leben auch höchst bedrohlich wirken kann.

Die kleinen Iche der Jasager fassen sich an den Händen, geben sich Halt. Atmen, sprechen und tönen durch die Angst hindurch. Schauen auf jedes Einzelne und benennen es. Sie pendeln in das vermeintlich Sichere.

Sie geben sich Zeit, die Früchte des lustvollen Überborderns entschleunigt zu verkosten. In ihnen festigt sich derweil die Zuversicht von einem anstrengenden und freudigen Dasein. Ihre Schöpfungen steigern den Glanz.

Sie danken mit allen Zellen für das Dasein.

*Jeder ist* eingeladen, *auf seine Weise* das Lebensfest zu feiern. Goethe formuliert in einem seiner Gedichte.

> Beherzigungen
> Ach, was soll der Mensch verlangen?
> Ist es besser, ruhig bleiben?
> Klammernd fest sich anzuhangen?
> Ist es besser, sich zu treiben?
> Soll er sich ein Häuschen bauen?
> Soll er unter Zelten leben?
> Soll er auf die Felsen trauen?
> Selbst die festen Felsen beben.
> Eines schickt sich nicht für alle!
> Sehe jeder, wie ers treibe,
> Sehe jeder, wo er bleibe,
> Und wer steht, dass er nicht falle.

Mit Goethe wissen die Jasager, dass das Füllhorn der Freude immer auch mit dem des Schmerzes ausgegossen wird. Auch wenn ihr Ja einmal zittert, die Jasager feiern weiter.

Dankbar genießen sie es, dass sie ihre Verschiedenheit miteinander teilen können.

*Zarathustras Nagelprobe* für das Ja. In jedem Moment des Lebens stellt sich für den Jasager die Frage: Kannst Du ganz ja sagen? Zarathustra hat zur Klärung quasi einen Lackmustest entwickelt. Seine Aufforderung:

> Denk Dir, dass dieser Moment ewig sei! Er wiederholt sich immer wieder. In diesen Moment kannst Du ganz aufgehen. Er ist Erfüllung.

Das Ja ist damit bereinigt von jeder Einschränkung. Es gilt kompromisslos, geradewegs absolut. Unbedingt wie ein kategorischer Imperativ. In diesem verbindlichen Ja trifft der Ja sagende Mensch sein persönliches Geschick. Er lässt sich ergreifen von dem Ja zu seinem persönlichen Gott, der ihm diesen Moment geschickt hat.

Jeder Moment ist eines Menschen Geschick.

Der Jasager singt von der schrankenlosen Akzeptanz jedes Augenblickes. Auf dem Lebensfest wird abwechselnd in Dur und Moll gespielt. Eine ernste Freude.

Ein großer, heiliger Ernst erfasst den Jasager.

*Annahme des eigenen Geschicks* ist das Ja, das inneren Frieden schenkt. Was ist jeweils das Geschick?

Der Jasager überlegt:

Ist es im Moment dran, mein einseitiges Ja zum Leben zu verstärken?
Habe ich intensiver auf meine innere Stimme zu lauschen?
Braucht der „Eremit" mehr Geltung oder das Miteinander?
Bin ich im Jetzt und in Verbindung mit dem Größeren des Seins?
Bin ich offen für das Ja zu den Wechselfällen?
Sage ich ja zur Freude und zur Lust?

Der Jasager lässt einfach eine Melodie in sich entstehen. Sanft tönend und sinnend ist er offen, den nächsten Schritt zu vernehmen. Er ist aufgeregt, welchen er gehen wird. Ihm ist warm ums Herz.

Der Jasager dankt für sein Geschick.

# Üben

*Warum denken?* Ist es nicht viel klüger, auf jedes Räsonnieren zu verzichten?

Der Jasager nimmt diesen Gedanken ernst. Das Leben lässt sich für ihn in der Tat nicht denkend bewältigen. Lässt es sich ohne Denken bewältigen? Und: Wieso soll es bewältigt werden? Denn: Das Sein ereignet sich für den Jasager immer wieder neu, kaum durchschaubar, überhaupt nicht kalkulierbar. Die Alternative könnte darin bestehen, einfach zu leben, ohne sich durch Gedanken zu beschweren oder zu beflügeln. Das Leben geschieht im Vollzug, nicht im abständigen Bedenken. Ist diese Alternative lebbar? Der Jasager weiß aus eigener Erfahrung und Berichten von Anderen, dass es Ereignisse gibt, die innehalten lassen. Gedanken tauchen auf. Das kleine Ich zwischen den Atemwellen ist beunruhigt. Gedanken, die bisher stimmig erschienen, scheinen überholt. Gehört das Denken nicht auch zum Sein? Ja. Aber wie?

Der Jasager atmet tief durch.

*Für den Jasager* ist es erstrebenswert, sein Denken mit seinem Sein so gut wie irgendmöglich zu verbinden. Dies ist die prinzipielle Entscheidung für seinen Weg. Sie erscheint ihm klug, weil vor allem die Wechselfälle des Lebens dazu nötigen, Denken und Sein miteinander in Beziehung zu setzen.

Der Jasager liebt es darüber hinaus, mit seinen Sinnen einschließlich seiner Gedanken sein Leben zu gestalten.

Im Denken schaut der Jasager besonnen auf sein Leben. Spürend prüft er, wie seine Verbindung zum Ja ist. Diese Besinnung will geübt werden. Dem Jasager ist es ein Vergnügen, in seiner spürenden Besinnung immer intensiver den Kontakt zu seinem Ja aufnehmen zu können. Er entwickelt die Fähigkeit, Hinderliches loszulassen. Sein innerer Schöpfer kann im Laufe des Lebens immer nachhaltiger wirken. Dadurch entsteht in den Grenzen der unvermeidbaren Einseitigkeit ein Wechsel im Jasager.

Er freut sich. Er dankt.

*Das erlaubende Denken* macht dem Jasager immer größere Freude. Er braucht sich nicht damit aufzuhalten, was alles nicht geht und was er nicht will. Dabei ist er sich bewusst, dass jede Erlaubnis eine Sache bejaht und vieles Andere ausschließt.

Das erlaubende Ja ist eine Form des intensiven Kontaktes zum kreativen spielenden Kind. Das kreative Kind hat den freien Blick für das, was bejaht werden möchte. Das kreative Kind hilft dem inneren Schöpfer, ins Wirken zu kommen. Das erlaubende Denken hilft zur angemessenen Weichenstellung.

Das erlaubende Denken setzt sich in Verbindung mit dem Lauschen und dem Spüren. Ohne diese Sinnenpraxis ist ein erlaubendes Denken bodenlos, verliert es sich in allem Möglichen. Der Jasager übt sich gerne im Lauschen. Er hört Töne, Worte, Musik, die Stille, das Offene. Er riecht die Welt. Er tanzt zu seinen Bildern.

Das macht den Jasager froh.

*Der Jasager konzentriert und zentriert* sich immer wieder im Ja. Er akzeptiert, dass es Zeiten gibt, in denen ihm das scheinbar verloren geht. Er übt, um die Kraft zu haben, in die Dunkelheit zu tauchen, die scheinbar nur aus Nein besteht. Er lernt, hinter allem Nein die Kraft zu spüren, die Ja sagen kann.

In Zeiten, die den Jasager scheinbar jede spürende Verbindung zum Ja verlieren lassen, braucht er die ganze Kraft seines besonnenen Denkens. Er braucht hilfreiche Freunde. Er weiß, dass in solchen Momenten Geduld erforderlich ist. Er ahnt, dass die Geduld belohnt wird. Er kennt die Wechselfälle.

Auch wenn er nicht stimuliert oder motiviert ist, übt der Jasager. Je nach persönlicher Neigung liest er ausgewählte Texte, hört Musik, singt oder bittet, dankt, klagt, ruft, schweigt usw. Er hat sein persönliches Übungsrepertoire.

Der Jasager besinnt sich auf die Heiligkeit seines Ja-weges.

*Das annehmende Denken* des Jasagers unterstützt ihn darin, alle Erfahrungen zu bejahen. Wirklich alle. Dieses Denken kann auch das zu sich nehmen, was es nicht versteht. Auch alles, was den eigenen Wertvorstellungen widerspricht. Das annehmende Denken leitet den Jasager in Erfahrungsbereiche, die über seine für ihn normalen Empfindungen hinausreichen. Das Trainieren des annehmenden Denkens provoziert zeitweise heftig. Mächtige Gefühle von Trauer, Schmerz und Wut treten hervor. Im annehmenden Denken übersteigt der Jasager seine gelebten Einseitigkeiten.

Er weiß, dass sein Leben nie frei von Einseitigkeiten sein wird. Er freut sich, dass er im annehmenden Denken eine Erfahrung der momenthaften Selbstüberschreitung machen kann.

Er dankt für seine Größe in seiner gelebten Einseitigkeit und für seine Überschreitung in der annehmenden Vernunft.

Nachdenklich, sanft und intensiv besinnt sich der Jasager auf seine Begrenztheit.

*Neugierde und Demut* vereinigen sich im Jasager. Seine Neugierde beflügelt seine Sinne und treibt sein Denken an. Er erlaubt sich, alles schauen zu wollen. Er erkennt an, dass es ihm nicht möglich ist.

Er ist beglückt, dass er auf seinem Ja-Wege mit einer immer größeren Selbst-Schau belohnt wird. Es freut ihn, in welch wunderbarer Einseitigkeit sich sein aus ihm heraus rollendes Rad entfaltet. Je kräftiger die Farben seines rollenden Rades aufblühen, um so intensiver erscheint vor seinem Auge die Verbindung mit den Anderen. Er ist eine schöne Gestalt in der Vielheit des Seins. Ein Tupfer im bunten Regenbogen des Wunderbaren. Viele kleine Tupfer erschaffen vor dem Auge des Jasagers ein immer wieder neu zu bestaunendes Gemälde. Das Einüben ins Ja wird reichlich belohnt. Der Jasager schmeckt die Fülle des Seins. Der vergnügliche kleine Punkt ist gut mit sich und gleichzeitig in einer großen, heiteren Verbindung.

Der Jasager macht einen Freudensprung.

*Jedes Ja hat seine Zeit.* Der Jasager kennt Zeiten, in denen das Ja zu sich selbst die volle Aufmerksamkeit will. In anderen Lebensabschnitten verlangt das Ja zum Sein im Größeren seine Zuwendung. In den Umbruchszeiten, die nicht selten krisenhaft verlaufen, fordert das Ja zu den Wechselfällen den Jasager heraus. So wie die einzelnen Jas im großen Lebensbogen ihre Aufmerksamkeit brauchen, verhält es sich auch mit Monaten, Wochen, Tagen, Stunden usw.

Der Jasager lauscht immer wieder neu den einzelnen Jas. Auf diese Weise verweben sie sich in ihm zu einem großen Netz aus vielen unsichtbaren, sich wechselseitig bereichernden Fäden.

Im Feld von jedem einzelnen Ja hört, schaut, riecht, fühlt und denkt der Jasager mit der größten, ihm möglichen Offenheit.

Der Jasager genießt Überraschungen und dankt für das Wirksame.

*Kein Ja kann erzwungen werden.* Der Jasager erhöht ständig seine Sensibilität dafür, ob er versucht, einem Ja gegenüber auf einer bestimmten Vorstellung zu beharren. Sei es ein fixiertes Bild, in dem sich ihm das Ja zeigt, sei es eine bestimmte Methode, wie er den Zugang sucht. Erwischt sich der Jasager bei einem Vorstellungs- oder Methodenzwang, so weiß er, dass es gut tut, sich dann mit Humor liebevoll zu umarmen. Auch der Austausch mit anderen Jasagern, die mit Selbsthumor unterwegs sind, ist dabei eine große Bereicherung.

Manchmal ist es auch gut, keinerlei bewusste Aufmerksamkeit für das Ja zu praktizieren, sondern einfach zu essen, zu trinken, zu arbeiten. Übermäßige Anspannung tut der Offenheit für das Ja so wenig gut wie eine spannungslose Schlaffheit. Der Jasager erkundet seine ihm wohltuende entspannte Spannung.

Der Jasager besinnt sich auf seine Balance.

*Der Jasager öffnet sich gerne für das Ja.*
Dafür nimmt er sich bereitwillig Zeit und nutzt auch seine Fähigkeiten. Es gefällt ihm, dass er als das kleine atmende Ich Anteil daran hat, sich im Größeren zu verweben. Er vertraut seiner Intuition genauso wie seinem besonnenen und annehmendem Denken.

In allem Hinwenden zum Ja respektiert der Jasager das Geheimnis des Seins. In jedem Ja wird für ihn das Geheimnis des Seins zum Ereignis. Daran erinnert sich der Jasager immer wieder. Das Geheimnis des Seins erschließt sich ihm unterschiedlich stark. Manchmal ist es ihm ein besonnener und kluger Gedanke, dann wieder eine starke Ahnung, dann wieder ein Gefühl, im Größeren aufgehoben zu sein. Manchmal findet er im Schweigen die Verbindung zum Seins-Geheimnis.

Der Jasager lässt sich berühren.

*Die Kommunität der Jasagenden* ist sich darin einig, dass jeder Einzelne seinen Weg zu gehen hat. Jedes Leben vollendet und verströmt sich in aller Verwobenheit mit Anderem auf seine, nur ihm eigene Weise.

Die Kommunität der Jasagenden verbindet eine tiefe Achtung für jeden einzelnen Weg und eine große Freude über die Vielheit. Sie genießt es, sich miteinander auszutauschen, gemeinsam zu üben. Auf diese Weise bekommen Jasager eine Ahnung vom großen und wunderbaren Netz des Ja. Dieses Geschenk nehmen sie freudig an.

Im Austauschen und Üben kann das unsichtbare Netz des Ja miteinander zum Ereignis werden. Die Kommunität der Jasagenden geht mit dieser Möglichkeit behutsam um. Sie will nichts Bestimmtes erreichen, nichts Durchsetzen, kein Dogma verkünden und keine Wahrheit in die Welt setzen.

Den Jasager durchzittert es.

*Gemessen am Verlangen nach Haben* und Sicherheit ist das Einlassen auf das Ja und das Ereignis des Seins ein Vertrauen in das Nichts.

Der Jasager genießt es, diese ergänzende Perspektive für sich zu entdecken. Egal, welches Ja dem Jasager begegnet, immer ist der Punkt des Nichts möglich. Der Jasager fühlt sich jenen Traditionen verbunden, die in der Erfahrung von Leerheit einen Sinn finden. Für den Jasager ermöglicht die Offenheit für das Ereignis des Seins den Zugang zu verschiedenen Erfahrungen, auch der des Nichts. Auch wenn das Nichts wie eine Denkunmöglichkeit erscheint. Der Jasager schätzt es, Ungewohntes zu denken.

Wenn die inneren Räume voll sind wie die Konsumtempel in wohlhabenden Gesellschaften, dann entrümpelt der Jasager.

Er genießt es, dass Weniger zu einem Mehr werden kann.

*Die bewusste Zeit für das Einüben ins Ja* gehört zum Lebensentwurf des Jasagers. Er pendelt zwischen den besonderen Zeiten für die Besinnung auf das Ja und dem sogenannten Alltag mit seinen Routinen und Herausforderungen. Es tut ihm gut, den Abstand zur Normalität zu praktizieren. Er spürt die Nahrung für Seele, Geist und Körper, die er durch sein abständiges, bewusstes Hinwenden zum Ja gewinnt. Ohne dass er besondere Anstrengungen unternimmt oder Vorsätze fasst, verändert das Einlasen auf die Jas seinen ganz normalen Jedermensch-Alltag. Er wird wacher, aufmerksamer, offener für das, was ihm täglich begegnet. Er lässt sich im Laufe seines Weges immer stärker von seinen Ja-Ereignissen durchdringen. Seine Geübtheit lässt seine Lebensschritte wie von selbst zu Verfeinerungen seines Ja-Netzes werden.

Große Dankbarkeit erfüllt den Jasager.

*Das Lachen wird dem Jasager zum Freund*
und auch das Weinen, die Freude gehört zu ihm
genauso wie die Trauer, die Heiterkeit und die
Melancholie. Und auch Angst, Wut und Lust
sind ihm nicht fremd. Seine Grundstimmung ist
gelöst, leicht, fröhlich.

Er weiß, dass es nichts zu verlieren gibt. Das
vertreibt die Sorge. Der Humor gewinnt immer
mehr Raum. Vor allen Dingen in Bezug auf ihn
selbst.

Das Spiel der Gedanken beglückt den Jasager. Grübeleien und Fixierungen fallen von ihm
ab wie überreife Früchte. Dadurch, dass er nicht
an sich festhält, findet ihn sein Geschick. Das ist
anstrengend und befriedigend. Darin füllt er
seinen Platz im großen Spiel des Seins aus.

Mehr braucht er nicht.


Er fühlt tiefe Liebe und Güte.

*Die Dummheiten,* die es im Leben des Jasagers gibt und nicht gibt, machen ihn genauso nachdenklich und vergnügt wie die Momente des bewussten Gelingens. Mit humorigem Abstand tanzt er seine vielen Stimmungen und Gedanken. Er spaziert über das gespannte Seil und singt seine Lieder von allem, was ereignend ist.

Manchmal ergreifen ihn pathetische Erregungen. Das ganze Universum ist dann von einer ihm tragenden Güte ausgefüllt. Manchmal fühlt er nichts davon. Manchmal vergisst er sogar, was ihn bewegt hat und was ihm sehr viel gab. Er lacht über diesen veränderlichen, artistischen, tragikomischen, vernunftbegabten, melancholischen, freudigen, überschwänglichen, besonnenen, ver- und aufgeschlossenen, alles umarmenden, liebevollen …

Jasager. In Liebe. Ja.

Informationen zum Autor

www.ja-einfach-ja.de